Andreas Kirchgäßner

BACK
TO
TOGO

BACK TO TOGO

Andreas Kirchgäßner

HORLEMANN

Bibliographische Information der Deutschen Nationalbibliothek:
Die Deutsche Nationalbibliothek verzeichnet diese Publikation in der
Deutschen Nationalbibliographie, detaillierte bibliographische Daten
sind im Internet abrufbar: http://dnd.d-nb.de.

ISBN 978-3-89502-407-8

Erschienen 2024 im Horlemann Verlag
www.horlemann.info

© 2024 Horlemann Verlag, Merdingen
1. Auflage: November 2024

Umschlaggestaltung und Foto: Greta Kuch, Stuttgart
Lektorat: Michael Schaefer
Innengestaltung und Herstellung: Katja Schüch Buchgestaltung,
                                        Kirchheim/Teck
Druck: CPI books GmbH, Leck · Printed in Germany

Inhalt

This morning, I woke up in a curfew
O God, I was a prisoner too, yeah!
Bob Marley - Burnin and Lootin

Lomé

Wie gerne wäre ich jetzt alleine! Hier in Lomé, der letzten Stadt in Togo, die ich mit meinen Eltern durchstreift habe, damals, kurz vor unserem Abflug und noch immer in der Hoffnung, Amelé hier zu finden. Amelé, die uns unerklärlicherweise verlassen hatte, Hals über Kopf. Von der wir nur wussten, dass sie mit ihrem Baby in Lomé untergetaucht war. Wieder halte ich Ausschau nach ihr, wie damals, denke ein ums andere Mal, sie zu sehen. Fata Morganen, Luftspiegelungen meiner Erinnerung, ich weiß. Denn Amelé muss inzwischen um dreizehn Jahre gealtert sein. Wie mag sie heute aussehen?

Meine Augen durchwandern das Gedränge auf der Straße, alles ist wieder so wie damals, aber Amelé ist nicht da. Ich will weitersuchen, doch da ist Kathi, die mich verzweifelt anstarrt. Ihre sonst so lustigen blauen Augen sind feucht. Sie versteckt sie hinter dem Vorhang ihrer dichten blonden Mähne. Kathi, die ich gerade erst in Deutschland im Vorbereitungskurs unserer Entsendeorganisation kennen gelernt habe, das hübsche Mädchen, das nichts anbrennen ließ. Immer sexy gekleidet, tiefer Ausschnitt, enge Jeans. Sie hatte mir unverblümt mitgeteilt, ihre Mutter habe darauf bestanden, dass sie ein

Freiwilligenjahr in Afrika macht, statt zuhause rumzuhängen. Dass es Togo wurde, war bei Kathi reiner Zufall. Amelé habe ich ihr gegenüber lieber verschwiegen; ich glaube, das wurde sie nur noch weiter verunsichern. Ganz hilflos steht sie da, die zerknitterte Regenjacke hängt traurig an ihr herab, ihr weißes T-Shirt ist durchgeschwitzt.

»Das war im Vorbereitungskurs ganz anders besprochen!« Seit wir am Flughafen niemanden fanden, der uns abholt, und deshalb Mopedtaxis nehmen mussten, ist Kathi in Panik.

»Keine Angst, alle wollen uns helfen!«, raune ich ihr zu, wuchte das Gepäck vom Rücksitz des Mopeds und reiche dem Fahrer einen 10.000-Franc-Schein[1]. Kleiner hatte es die Wechselstube nicht.

»Oh Gott, so viel!«, ruft Kathi erschrocken.

Natürlich habe auch ich noch keine Übung mit westafrikanischen Franc. Als ich klein war, hatten meine Eltern bezahlt. Oder Amelé, die geschickter verhandelte als meine Eltern, immer den besten Preis rausholte. Der Fahrer nimmt den Franc-Schein. Schon wandert er durch fremde Hände und ist weg.

»Das war ein Fehler!«, raunt Kathi entsetzt. Da taucht das Wechselgeld in großen Scheinen wieder auf.

»Hedenyuie!«, sagt der Motofahrer, der uns hergebracht hat, alles Gute. Dabei streckt er mir die Hand entgegen. Wie in Trance nehme ich seinen Mittelfinger, schnippe mit meinen Fingern, unsere Hände verknoten sich kurz ineinander. Er zwinkert mir zu, steigt auf sein Moped, winkt und fährt los.

---

1 Ca. 15 €

»Der hat dich ganz schön angemacht!«, findet Kathi.

»So verabschiedet man sich in Togo«, sage ich und freue mich insgeheim, dass er mich wie eine Afrikanerin verabschiedet hat. Eine Leere bleibt zurück, dort, wo er eben noch war. Nur für Sekunden.

»Monsieur! Monsieur! Donne-moi stylo!« Der kleine Junge, dem die Nase läuft, hat den Platz des Motofahrers eingenommen und streckt Kathi die Hand entgegen. Hinter ihm steht bereits seine ganze Clique und sieht uns erwartungsvoll an.

»Was wollen die?« Kathi weicht erschrocken zurück.

»Kugelschreiber«, sage ich.

»Kugelschreiber?«

»Sie brauchen sie in der Schule«, erkläre ich, obwohl ich ahne, dass ihre Eltern kein Geld für die Schule haben und sie die Kugelschreiber deshalb gleich zu Geld machen werden.

»Leider haben wir nur einen. Und den werden wir brauchen!«, sage ich deshalb schnell.

Schon betteln die Kinder um Geld fürs Essen.

»Was denn jetzt?«, fährt Kathi sie auf Deutsch an. »Kugelschreiber oder Essen?«

»Geld ist nie verkehrt!«, sage ich und gebe ihnen das Wechselgeld, das ich gerade vom Motofahrer bekommen habe. Begeistert verziehen sich die Kinder, beginnen schon, miteinander um ihre Anteile zu feilschen.

Alles beim Alten, denke ich, und ein Strom von Erinnerungen zieht vor meinem inneren Auge vorbei.

Über eine ausgewaschene Piste schleppen wir unser Gepäck ins Guesthouse, unsere Unterkunft in der Hauptstadt, bevor wir nach Norden weiterreisen. Die Fassade des einstöckigen Betonbaus ist frisch gestrichen.

Das Wellblechdach darauf überdeckt auch die Veranda. Die Rückwand ist mit ziegelgroßen, lichtdurchlässigen Durchbrüchen gemauert. Die Türen aus Blech sind blau gestrichen. Der Betreiber, ein Weißer, empfängt uns freundlich und führt uns zu unserem Zimmer. Keinen Ton verliert er darüber, dass niemand uns vom Flughafen abgeholt hat.

»Macht es euch gemütlich«, sagt er.

»Ich glaub, der meint das nicht mal ironisch!«, sagt Kathi. Das Zimmer ist karg und funktional: zwei Betten, zwei Stühle. Und quer durch den Raum ist eine Wäscheleine gespannt. Nachdem wir unser Gepäck abgelegt und unsere Gesichter mit etwas Wasser aus dem Wassereimer benetzt haben, lasse ich mich, immer noch schweißnass, aber glücklich, auf das quietschende Bett plumpsen, stecke die Kopfhörer in die Ohren. Erstmal ankommen. Erstmal Reggae.

»*Get up, stand up!*« singt Bob Marley. Ich schließe die Augen, lasse die Klänge in mein Herz dringen. »*Stand up for your rights!*

We know where we're going / We know where we're from!'«

Reggae! Sein Sound ist eines der allerersten Dinge in meinem Leben, an die ich mich erinnere. Damals kam er aus scheppernden Transistorradios und elektrisierte die Höfe, wirbelte den metallisch riechenden Staub auf, wehte durch die bunten Tücher auf den Wäscheleinen, die quer über die Höfe gespannt waren. Reggae gab den Takt für die Hüpfspiele, die Reime, die wir im Chor sangen. Frauen stampften in seinem Takt den Yamsbrei, schwangen die Hüften, trällerten die Texte. Untrennbar ist das alles verbunden mit Amelé und ihrem dicken, runden Bauch.

Für mich war diese Frau allgegenwärtig, eine Magierin, ein Schutzengel, jemand, den man lebenslänglich in der Erinnerung behält. Sie war alles zugleich: schön, dick, stark, laut, zärtlich, entschieden, aufopferungsvoll, selbstbewusst. Wie soll man so jemanden beschreiben? Sie trug mich durch Kara, zeigte mir die Stadt, das Leben, den Zugang zu den Menschen. Dass ich selbst eine andere Hautfarbe hatte, fiel mir kaum auf. Dass mir alle so begeistert begegneten, war für mich zugleich wunderbar und doch ganz normal. Ich nahm an, dass in Togo jedes Kind umsorgt und verwöhnt wurde. Zumal ich mit einem weiteren, togoischen Kind aufwuchs, das ebenso eifrig gehegt und gepflegt wurde.

Als ich gerade mal zwei Jahre alt war, verschwand nämlich Amelés dicker Bauch, den ich bis dahin für einen festen Bestandteil meines geliebten Kindermädchens gehalten hatte. Aus dem Bauch war ein weiteres Kind gekommen, Aninam, und wenn Amelé auf den Markt wollte, holte sie ihn. Mich trug sie auf dem Rücken, den Winzling band sie vor die Brust, wo er jederzeit trinken konnte.

Auf dem Markt brachte sie uns in ihr »Nähstudio«, einen Bretterverschlag, in dem ihre Singer-Tretnähmaschine stand, blumenreich verziert, davor ein Stuhl und ein Stapel Stoffe. Für mich ein Wunderland voller bunter Muster und Figuren, die vor meinen Augen lebendig wurden. Ja, sie lebten, denn ich konnte mit ihnen sprechen. An den Brettern der Rückwand hingen Puppen, die nach der einheimischen Mode gekleidet waren. Sie waren die Miniatur-Modelle, nach denen die Kundinnen

Schnitte für ihre Kleider auswählten. Deshalb hingen sie hoch oben, unerreichbar für mich. Mir kamen sie ein wenig eitel vor, wie sie da auf mich herabblickten, in feine Pagne gekleidet, die bunten Stoffe der herausgeputzten Togoer. Manchmal streckte ich ihnen die Zunge raus, doch sie sahen hochnäsig darüber hinweg.

Ich setzte mich auf den Bretterboden der Hütte und hielt Aninam auf meinem Schoß. Zupfte an seinen drahtigen Haaren, küsste ihn ab, für mich war er ein süßes Püppchen, viel süßer als die Püppchen an der Wand, außerdem sehr kitzelig. Sein Lachen erfüllte den ganzen Marktstand und zog zusätzlich Kunden und Neugierige an. Zur Untermalung ließ Amelé stets Reggae aus ihrem Kassettenrecorder laufen und trat in seinem Takt die Nähmaschine an. Auf meinem Schoß wippte Aninam dazu und lachte.

Später verließ ich das magische Nähstudio, ging mit anderen Kindern auf Tour. Ich hätte Aninam ja mitgenommen, aber Amelé fand ihn zu schwer für meinen angeblich »schwachen« Rücken. Da war ich etwa vier Jahre alt, und nicht wenige vierjährige Mädchen, mit denen ich unterwegs war, trugen ihre kleinen Geschwister auf dem Rücken. Ich erinnere mich an die Dunkelheit des Abends, die in Afrika besonders dunkel war, da es kaum Straßenbeleuchtung gab. Da lockte Alpha Blondy aus den Lautsprechern der Restaurants. Ich tanzte mit den Nachbarskindern vor den Terrassen der Lokale, die mit wohlhabenden Togoern und vielen *Weißen* dicht besetzt waren. Die anderen Kinder tanzten, um den richtigen Moment abzupassen. Sie wollten Essensreste ergattern, die die Gäste zurückließen. Dafür hatten sie leere Blechbüchsen dabei. Tanzend behielten sie die Tische im Blick. Sobald jemand zahlte, verlagerten sie ihren Tanz unauffällig. Kaum war der Tisch frei, sprangen sie in Windeseile herbei, füllten ihre Büchsen und tauchten Sekunden später wieder in der Dunkelheit unter. Vergeblich versuchten die Kellner, uns zu vertreiben. Auf öffentlichen Straßen zu tanzen war zwar nicht verboten, trotzdem wichen wir den Kellnern und Restaurantbesitzern geschickt aus, die hinter uns herjagten. Allzu gut wussten wir, dass in Togo niemand einem Erwachsenen in den Arm fiel, der ein paar lästige Straßenkinder verprügelte.

Natürlich wich auch ich aus. Natürlich kam auch ich mit den Anderen zurückgetänzelt, sobald die Angreifer sich verzogen hatten. Aber um Essensreste ging es mir nicht. Essen kochte Amelé zuhause. Und zwar vorzüglich! Trotzdem nahmen die Kinder mich gerne mit. Sie schoben mich bei den Tanzeinlagen in die erste Reihe. Als *Weiße* wurde ich von den Hoteliers nicht so schnell verjagt. Im Gegenteil: Die Gäste winkten mich heran, fragten nach meinem Namen und warum ich betteln müsse. Ich setzte dann mein hungriges Gesicht auf und strich mir über den mageren Bauch, der trotz Amelés Kochkünsten nie anschwoll. Ich schob die leeren Blechbüchsen, die die Kinder mir zugesteckt hatten, auf den Tisch. Vor allem den weißen Frauen kamen die Tränen, und sie füllten die Büchsen bis obenhin. Ich machte artig einen Knicks und verschwand mit den Büchsen in der Dunkelheit. Dort warteten die Anderen, machten sich über die Essensspenden her, beförderten sie mit fettigen Fingern in hungrige Mäuler. Dabei waren sie keineswegs wählerisch. Die Freunde meiner Kindheit aßen alles, sogar fliegende Ameisen, die nachts die Neonlichter umschwirrten. Sie fingen sie bei den Flügeln und verspeisten sie lebendig. Nur ich tanzte abseits zu Alpha Blondy, der noch immer aus den Lautsprechern des Restaurants heruberschepperte. Auch wenn ich den Hunger der anderen nicht teilte, war ich doch Teil ihres Spiels.

Jetzt bin ich zurück, hier in meinem Wunderland Togo. Von draußen klingen die Stimmen herein, und obwohl ich Ewe, die Sprache im Süden Togos, nicht verstehe, ist jedes Wort vertraut. Ich fühle mich geradezu beflügelt, rufe Kathi zu, dass ich an den Strand gehen werde.

»Davor hat uns der Mann am Empfang doch gewarnt!«

»Du musst nicht mitkommen!«, beeile ich mich zu erklären.

»Hier bleib ich nicht alleine. Müssen wir denn unbedingt gerade an den Strand? Er hat gesagt, der sei unbewacht und voller finsterer Typen.«

»Mach, was du willst. Ich gehe jedenfalls hin.«

Natürlich ignoriere ich die Warnung. Afrika ist nur für diejenigen ein »Herz der Finsternis«, die hier fremd sind. Ich aber bin schon in frühester Kindheit durch die Dunkelheit gelaufen. Was soll mir passieren? Nichts! Also ziehe ich den Bikini unter und mache mich auf den Weg an den Strand. Kathi folgt mir. Erst in einigem Abstand, dann, indem ihre Angst wächst, immer näher bei mir.

Der Strand erstreckt sich breit vor dem mächtigen Meer. Ein Traumstrand.

»Wollen wir schwimmen?« Ich ziehe bereits das T-Shirt aus.

»Hier liegt ja überall Müll!« Kathi stolpert enttäuscht hinter mir her. Den Strand hat sie sich anders vorgestellt. Ich aber stürze mich in die gewaltigen Wellen des Golfs von Guinea. Werde herumgeschleudert und zurück an den Strand geworfen. Überwältigend!

»Vielleicht meint der Typ vom Guesthouse die Wellen, wenn er uns warnt!«, rufe ich Kathi zu, die sich auf unser Handtuch gesetzt hat und wartet, dass ich rauskomme. Denn der erste junge Händler ist schon bei ihr und bietet ihr Schmuck an.

»Men tom bìkè àdjè kpar!«, rufe ich ihm zu, während ich aus dem Wasser wate. Das ist Kabyè, die Sprache aus dem Norden Togos, und bedeutet »Wir kaufen nichts!« Und tatsächlich zieht der Junge Leine.

»Woher kannst du das?«, fragt Kathi, nicht ohne den Jungen nochmals in der Rückenansicht zu taxieren.

»Aus meiner Kindheit! Schon vergessen?«

Wir sehen einem anderen Jungen zu, wie er geschickt sein Boot durch die meterhohen Wellen an Land zieht. Höchstens dreizehn dürfte er sein, dünn, nur Haut und Knochen, aber sehnig. Ich winke ihm, und er kommt zu uns. Er spricht nur Ewe, und wir müssen uns mit Händen und Füßen verständigen. Trotzdem schenkt er uns zum Dank für unsere Gesellschaft einen Fisch.

»Was sollen wir mit einem Fisch?« Kathi stolpert wieder hinter mir her.

»Braten oder grillen!«

»Hä?«

Ich aber habe schon einen Alten entdeckt, der oben am Rand der Uferstraße auf einer Holzglut Maiskolben grillt. Fortwährend facht er mit einem kleinen Palmfächer die Glut an. Bei ihm angekommen, zeige ich ihm den Fisch.

»Èh!«, bestätigt er auf Ewe.

»Azã!«, sage ich auf Kabyè.

»Fish!« Er kann sogar Englisch, lacht und legt den Fisch auf die Glut. Gegen ein kleines Entgelt würzt er ihn sogar und gibt ihn uns.

»Woher weißt du das alles?« Kathi zieht eine Gräte aus dem Mundwinkel.

»Ich war einmal Togoerin!«

Kathi schaut mich zutiefst verwirrt an. Dass ich im tiefen Inneren immer noch Afrikanerin bin, kapiert sie einfach noch nicht.

Während wir durch die Altstadt streifen, die oberhalb des Strandes beginnt, überlege ich, ob ich ihr sagen soll, dass ich wieder den metallenen Geruch des Staubes rieche, der vom Boden aufwirbelt, und den Dunst der Kleidung meiner Spielkameraden. Den betäubenden Geruch der zu Bergen aufgehäuften Mangos, den scharfen Duft der mit Piment gewürzten Erdnusssoße. Das alles rieche ich, fühle mich wieder dicht gedrängt an die warmen, vom Hunger geblähten Bäuche. Ich spüre die Hitze, die selbst abends kaum nachlässt. Höre das ewige Gehupe auf den Straßen, und selbst das Krachen der Fahrzeuge, wenn sie durch die tiefen Schlaglöcher donnern, ist Musik in meinen Ohren. Ich kann die Augen schließen und höre den Rhythmus der Reisigbesen am frühen Morgen. Die Snaredrum zum Reggae. Amelé ist längst wach, und der Rhythmus ihres Besens gibt mir die Sicherheit, dass die Welt auch an diesem Tag im Takt bleibt und nicht in der Nacht untergegangen ist.

Später wird Amelé im Mörser den Yams" stampfen. Wie kraftvoll und zugleich traumwandlerisch sie den schweren Holzpflock in den Brei stößt, im langsamen Rhythmus. Der schmatzende Ton beim Aufprall des Stößels.

Das Schmatzen, wenn sie ihn aus dem Brei hebt, um ihn gleich darauf wieder hineinzustoßen in den großen, hölzernen Mörser. Manchmal übernimmt auch Tomfeï, unser Wächter, den Stößel, während Amelé blitzschnell den Brei wendet. Ein falscher Griff und Amelés Hand wäre ebenfalls Brei. Tschock, tschock, tschock, all das kehrt zurück, während Kathi und ich uns durch die mit Menschen und Waren verstopften Gassen der Hauptstadt zwängen. Weit und breit sind wir die einzigen Weißen. Doch im Grunde meines Herzens bin ich nicht »weiß«. Die Menschen halten mich vielleicht für einen der Albinos, von denen wir heute schon zweien begegnet sind. Ich suche Blickkontakt mit der dünnen Frau, die da, in Tücher gehüllt, mit ihren Kindern am Straßenrand sitzt. Sie lächelt, und jetzt bin ich sicher, dass sie nicht meine Hautfarbe, sondern mein afrikanisches Herz sieht. Schon schnellt ihre Hand aus den Tüchern hervor und bittet um einen Obolus. Sie ist Bettlerin. Betteln ist ihr Beruf, denke ich und krame einen weiteren großen Schein hervor, den ich ihr in die Hand drücke. Sie küsst ihn und drückt ihn sich an die Stirn und wir sind einander dankbar.

»Wie viele Frauen mit ihren Kindern hier am Straßenrand hausen!«, stellt Kathi bitter fest. Sie hat recht und ich wundere mich, dass es mir damals nicht aufgefallen ist, als meine Eltern mit mir die letzten Male durch die Straßen der Hauptstadt flanierten, während wir hofften, Amelé zu begegnen, die uns mit Aninam verlassen hatte. Aber ich kann mich nicht erinnern, damals so viele Bettlerinnen gesehen zu haben.

Von allen Seiten werden mir Worte zugerufen, reißen mich aus den Gedanken.

»Me lonwo!«, das ist Ewe, heißt aber nicht guten Tag, sondern etwas mit »Liebe«.

»Annisegoma!«, »guten Tag« auf Djoula. »Sannu!«, »Hallo« auf Hausa, sogar Tamazight höre ich von verschleierten Männern, die Sprache der Tuareg aus der fernen Wüste im Norden: »Tamussni n tmurt-inu ict«[2]

»Alafia!«, »Mir geht's gut«, rufe ich zurück, Worte auf Kabyè, die mir gerade durch den Kopf gehen. Die Leute freuen sich, antworten wiederum mit Unverständlichem, aber keiner scheint hier Kabyè zu sprechen, die Sprache, die Amelé mir beigebracht hat.

»Verstehst du das alles?«, fragt Kathi irritiert.

»Irgendwie schon!«, sage ich.

»Woher kannst du all die Sprachen?«

»Ich bin in diesem Land geboren …« Wie soll ich Kathi erklären, dass ich auf eine Antwort in Kabyè warte, aus dem Mund meiner Nanny? Kathi läuft mir verwirrt hinterher, und ich weiß nicht, ob ihre Verwirrung von den Straßen Lomés herrührt oder von den für sie befremdlichen Zurufen.

Währenddessen erreichen wir den Platz gegenüber der Kirche, an dem sich damals der große Markt von Lomé befand. Von dem habe ich Kathi schon vorgeschwärmt: »Ein großer, nein, ein gigantischer Markt, drei Stockwerke hoch!«

Wir finden aber nur einen Bauzaun, hinter dem Abfälle und Schutt herumliegen.

»Ist das dein gigantischer Markt?« Kathi beginnt an meinem Verstand zu zweifeln.

»Warte!« Auch ich bin irritiert. Auf Französisch

---

2 Schön Sie kennenzulernen!

spreche ich eine Stoffverkäuferin an, die einen der vielen Stände am Straßenrand betreibt. Was ich erfahre, ist niederschmetternd: Der Großmarkt ist 2013 abgebrannt.[III]

»Der Anschlag galt ganz klar uns Marktfrauen. Weil wir auf der Seite der Opposition standen«, erklärt die Händlerin. Die Frauen haben ihre Marktstände danach über das ganze Zentrum ausgebreitet und die vielstöckigen Bauruinen in Beschlag genommen.

»Wir wissen uns zu helfen!«, sagt sie und bietet uns gleich einen ihrer Stoffe an. Wie schön sie sind! Wunderschön, denke ich und streiche mit der Hand über die Muster auf den gebatikten Tüchern. Ein besonders schönes Tuch, blau mit gelben Mustern, falte ich auf und halte es Kathi an.

»Umwerfend!«

»Dann kauf dir doch den Stoff!«, sagt Kathi, die meine Begeisterung offenbar nur bedingt teilt.

»Dir steht er einfach besser. Ich bin zu mager dafür!«, sage ich.

»Ist das ein Stoff aus Togo?«, wendet sich Kathi an die Verkäuferin.

Die Händlerin schüttelt den Kopf: »Dire la vérité: Die meisten Stoffe kommen aus China.«

Kathi bedankt sich und will weitergehen, doch ich interessiere mich für den Stoff. Die Händlerin will mir zeigen, wie die Pagne zu einem Wickelrock gebunden wird. Das habe ich aber schon tausendfach gesehen, in jenem früheren Leben, wenn Amelé sich das Tuch um den Körper wickelte und über der Brust befestigte. Die Händlerin zeigt das Binden nun auch Kathi.

»Der Stoff steht dir. Ich schenke ihn dir!«, biete ich ihr an.

»Du bist doch die Afrikanerin!«, weicht sie aus. Sie will sich nicht verkleiden und schon gar nicht neben mir afrikanisch kostümiert durch Lomé laufen. Die Stoffhändlerin, die so bereitwillig die Geschichte des abgebrannten Marktes erzählt hat, ist sichtlich verstimmt, weil wir uns nicht mit dem Kauf eines Stoffes bedanken. Kurz entschlossen kaufe ich das Tuch, das mich an Amelé erinnert. Sehe Kathi schlucken, weil ich ohne zu feilschen den hohen Preis bezahle. Die Verkäuferin zieht mich hinter ihren Stand und hilft mir, mich professionell in mein neues Tuch zu wickeln. Ich umarme sie kurz und frage sie, ob sie eine schöne Schneiderin kennt, die Amelé heißt.

»Amelé heißen hier einige! Keine von denen ist schön oder Schneiderin.« Sie packt meine europäischen Klamotten in eine Plastiktüte, die sie mir in die Hand drückt, und wendet sich neuen Kunden zu.

Um uns herum herrscht Hochbetrieb. Federvieh, das an den Füßen zusammengebunden verkauft wird, ein Mann, der mehrere Besen auf dem Kopf balanciert. Es ist laut und stickig, riecht nach Rauch, gemischt mit Benzindämpfen, Düften von Fleisch und Fisch. Kathi zieht mich vor den Spiegel eines Schneiders. In dem blau-gelb gemusterten Batikstoff bin ich wie verwandelt. Es sieht toll aus, ermutigend. Ich bin zurück und habe noch so viele Pläne.

»Du kommst in Lomé ja inzwischen ohne mich zurecht. Ich möchte nach Togoville. Das ist allerdings ein Tagesausflug.« Auf die Spuren von Amelé möchte ich mich lieber ohne Kathi begeben.

»Du lässt mich doch in diesem Chaos nicht alleine?!«

»In Togoville betreiben sie Voodoo, können dich verzaubern oder entzaubern. Da geht es mindestens so chaotisch zu wie hier!«

»Willst du dich verzaubern lassen?«

»Papa haben sie damals in Togoville geholfen, als er mit einem Fluch belegt wurde. Vielleicht können sie auch mir helfen, Amelé zu finden.«

»Ame... was?«

»Die war mein Kindermädchen!«

»Ich komme auf jeden Fall mit!«

Kathi klebt an mir wie eine Klette, und doch will ich sie nicht vor den Kopf stoßen. Irgendwie kann ich nachempfinden, wie Lomé beim ersten Besuch auf einen Neuling wirken muss. Und seitdem wir uns in Deutschland beim Vorbereitungstreffen für den Freiwilligendienst getroffen haben – wir beide waren die Einzigen mit dem Ziel Togo! – fühle ich mich ein bisschen verantwortlich für sie. Auch wenn unsere Motive zu dieser Reise unterschiedlicher nicht sein könnten: Kathi, die eher zufällig hier ist, und ich, die ich nie woandershin wollte.

Auf dem Rückweg ins Guesthouse sausen wir zu zweit hinten auf einem Motorradtaxi in rasanter Fahrt durch Lomé, vorbei an den einstöckigen Betonbauten, den Wellblechdächern und den grell sich dagegen abzeichnenden Werbetafeln: »White Lady – Ultra-Lightening – Tu essaies, tu es claire!«, steht auf einer. Das in Übergröße abgebildete, schlanke Girl in Rückenansicht hat europäische lange Locken und trägt ein rückenfreies italienisches Sommerkleid, das ihre fast weiße Haut zeigt: Werbung für Lotions zur Hautaufhellung. Offensichtlich scheint es vielen Afrikanerinnen wichtig zu sein, möglichst unafrikanisch auszusehen. Ich muss grinsen: Mit meinen dicken Dreadlocks, die im heißen, staubigen Fahrtwind fliegen, und in dem blau-gelben Batikstoff bin ich eine Weiße, die versucht, afrikanisch auszusehen. Die Menschen winken uns freundlich zu. Ich denke: Hier ist alles möglich, und schließe die Augen ...

Der Fahrer bremst abrupt und weckt mich aus der Trance, in die mich all das bringt.

Papa

»Das Problem war Amelés Familie«, hatte Papa gesagt. Immer wieder hat Papa mir diese Geschichte haarklein erzählt, denn ich wollte einfach nicht verstehen, warum wir Togo so überstürzt verlassen hatten.

Obwohl er bei uns Hausverbot hatte, so Papas Version der Ereignisse, tauchte Amelés Bruder Tchaa auf seinem Moped bei uns auf. Tchaa brachte seinen alten Vater zu uns, einen dürren Mann mit weißem Bart in einem langen Boubou, wie Muslime sie in Togos Norden tragen. Ich erinnere mich, ihn vor unserem Tor gesehen zu haben. Der Alte sprach kein Wort Französisch, hielt uns stattdessen einen ellenlangen Vortrag auf Kabyè. Tchaa übersetzte schließlich. Vier Frauen habe der Alte, zwanzig Kinder und bereits zehn Enkel. Obwohl er jetzt alt und krank sei, trage er eine große Verantwortung, denn kaum jemand in seiner Familie habe Arbeit. Sogar die Enkel liefen schon mit Wasserbeuteln und Süßigkeiten durch Kara, um etwas dazu zu verdienen. Dabei hätten sie doch in die Schule gehen sollen.

Tchaa erinnerte an das Motorrad, das er teuer leihen müsste, um damit etwas Geld zu verdienen. Immer wieder gehe es kaputt und er müsse auch noch die Reparaturen bezahlen. Leider sei Papa ja nicht bereit, ihm beim

Kauf eines besseren Mopeds zu helfen. So gehe fast sein ganzer Verdienst für Reparaturen drauf. Aber auch die vier Frauen seines Vaters arbeiteten von früh bis spät. Am Ende reiche es hinten und vorne nicht. Und deshalb könne sein Vater als Familienoberhaupt unmöglich auch noch für Amelé und Aninam aufkommen.

Papa bot ihm eine großzügige Spende für seine Familie an. Aber er lehnte ab. Er wollte keine Geschenke. Er brauchte unsere Unterstützung. Langsam dämmerte Papa, dass der Alte und sein Sohn ihn dazu verpflichten wollten, sie und ihre riesige Familie auszuhalten. Auf Dauer! Darauf wollte sich Papa auf keinen Fall einlassen.

»Ein Fass ohne Boden!«

Der Alte begann, Papa lautstark zu verwünschen. Er hob die Fäuste gegen ihn, obwohl er körperlich natürlich weit unterlegen war. Zum Glück musste Papa ihm das nicht beweisen, denn jetzt kam unser Wächter Tomfeï dazu. Er drängte Tchaa und seinen Vater aus dem Garten hinaus. Als er sie durch das Tor geschoben hatte, schloss Papa hinter ihnen ab. Von draußen schallten immer weitere Flüche und Verwünschungen über die Mauer.

Amelé, die alles vom Fenster aus beobachtet hatte, weinte bitterlich. Ich lief zu ihr, wollte sie trösten. Aber sie schüttelte nur den Kopf, schob mich aus ihrem Zimmer und verschloss die Tür, so wie Papa ihren Vater ausgesperrt hatte. Am nächsten Tag verließ sie uns, sie lief weg, ohne auch nur ein letztes Wort zu sagen. Kein Dankeschön, keine Erklärung. Nichts! Mit Aninam auf dem Arm und ihrem alten Koffer, der über den Boden schleifte, lief sie durchs Tor hinaus, lief immer weiter, bis wir sie nicht mehr sehen konnten.

»Die kommt wieder!«, hatte Papa gesagt. Eine bessere

Stelle als bei uns werde sie nirgendwo auf der Welt finden. Aber da irrte er.

Ein paar Tage später fanden wir unseren Hahn tot auf der Gartenmauer. Den bunt gefiederten Hahn, der so zutraulich war, aber auch gerne mal Fremde ins Bein hackte. Auf den spitzen Scherben, die oben aus der Mauer herausragten, damit niemand drüber klettern konnte, war der Hahn aufgespießt worden. Tomfeï schwor Stein und Bein, dass er die ganze Nacht gewacht habe und ihm nichts aufgefallen sei. Mama und Papa glaubten ihm nicht. Wie oft hatten sie schon erlebt, dass er schlief, wenn sie nachts nach Hause kamen. Sie beschlossen, auf dem Markt einen neuen Hahn zu kaufen.

Kurz darauf wurde Papa plötzlich kotzübel. Den ganzen Tag lang erbrach er sich, obwohl er nichts von den Garküchen gegessen hatte. Mama rief den Arzt. Der stellte eine Lebensmittelvergiftung fest und verschrieb Papa ein Medikament. Kaum ließ aber die Übelkeit nach, bekam Papa Durchfall und Magenkrämpfe. So stark, dass er sich nicht mehr fortbewegen konnte. Der Arzt stellte eine Amöbenruhr fest, die durch verunreinigtes Wasser, ungewaschenes Obst oder Gemüse übertragen werde. Nichts davon habe er getrunken oder gegessen, versicherte Papa.

Papa erklärte uns also: Dumm gelaufen. Nur eine Reihe unglücklicher Zufälle. Als wieder etwas Ruhe eingekehrt war, sprach er mit Tomfeï über die seltsamen Missgeschicke, die ihn seit dem Rauswurf von Amelés Vater heimgesucht hatten. Tomfeïs Antwort hat Papa mir erst viel später verraten: Tomfeï fand nämlich gar nichts seltsam an Papas Unglücken. Das seien keine »Missgeschicke«, erklärte er.

»Was denn dann?«, wollte Papa wissen.

»Hexerei!«, soll Tomfeï gesagt haben, als sei das das Normalste der Welt. Ob wir denn nicht gehört hätten, wie der Alte uns verflucht habe, nachdem er vor die Tür gesetzt worden war. Solange der Fluch auf Papa und uns laste, werde er keine Ruhe finden. Papa fragte Tomfeï also, was wir tun könnten. Tomfeï riet ihm zu einem Gegenzauber. Papa aber war viel zu rational, um an Hexerei zu glauben. Im Gespräch mit Tomfeï wurde ihm allerdings klar, dass der sich für genauso aufgeklärt und vernünftig hielt wie wir uns, nur dass die Existenz von Zauberei, Geistern und Hexen für ihn zum ganz normalen Alltag gehörte. Ihre Existenz nicht zu sehen war für ihn Ausdruck von Blindheit, nicht von Vernunft. Wir sollten also einen Gegenzauber in Auftrag geben.

Zunächst versuchte Papa, Tomfeïs Erklärung zu ignorieren und sein normales Leben fortzuführen. Mama und Papa machten sich sogar über Tomfeï lustig, so absurd schienen ihnen seine Ratschläge. Zwei Tage später fiel Papa auf der Baustelle ein Balken auf den Fuß. Ich erinnere mich, dass er fast zwei Wochen lang nicht mehr richtig laufen konnte. Und da wurde Papa langsam klar, dass er den Alten nicht ignorieren konnte. Also nahm er Kontakt zu seiner Entsendeorganisation auf. Auch der Entwicklungshilfe-Koordinator in Lomé nahm die Sache ernster, als Papa erwartet hatte. Tomfeïs Idee von einem Gegenzauber fand er gar nicht so schlecht. Und nachdem er sich mit der deutschen Zentrale beraten hatte, teilten er Papa telefonisch mit, dass sie ihn zur Sicherheit von seinem Projekt in Kara abziehen würden. Und so begannen meine Eltern, unsere Abreise vorzubereiten.

Tomfeï riet Papa, noch vor dem Abflug nach Deutschland nach Togoville zu fahren und dort ins Zentrum für Voodoo, Magie und Hexerei zu gehen.

Der kleine Ort liegt am Ufer des Lac Togo. Mama war die ganze Sache zu abgedreht. Also fuhr Papa allein. Er fand, es könne nicht schaden, einen Ausweg zu versuchen, an den alle Afrikaner um ihn herum glaubten.

Ein Fährmann habe ihn über den See nach Togoville in eine unscheinbare Wellblechhütte gebracht, berichtete Papa uns später. Kurz darauf saß er einer hochgewachsenen, stämmigen Afrikanerin mit nacktem Oberkörper gegenüber. Die Frau lächelte ihm zu, ergriff seine Hände und fragte in einer fremden Sprache nach seinem Anliegen. Der Fährmann übersetzte. Papa erzählte von seiner Arbeit als Zimmermann und Brückenbauer in Kara und von seiner Auseinandersetzung mit Amelés Familie. Die Frau verlangte viel Geld und eine Flasche Rum. Sie goss einige Schlucke in einen kleinen Holzbecher und schüttete den Alkohol in drei Ecken des kleinen Raumes. Feierlich überreichte sie Papa eine winzige, geschnitzte Figur, mit einer Schnur umwickelt, an der ein Stöckchen hing. Die Heilerin segnete die Figur, die sie *Zudeme* nannte. Papa musste der Figur seine Wünsche einflüstern. Dann steckte die Heilerin das Stöckchen in die Mundöffnung der Figur, verschloss sie sozusagen. Erst zuhause sollte Papa das Stöckchen aus dem Mund der Figur ziehen, damit die Wünsche entweichen könnten.

Natürlich habe ich Papa später gefragt, was er sich gewünscht hat. Papa behauptete, sich nur mein Wohlergehen gewünscht zu haben. Das habe ich ihm nicht geglaubt. Warum sollte es nur mir gut gehen?

»Erst wenn du selbst einmal Mutter bist, kannst

du ermessen, wie viel Angst man um sein Kind haben kann!«, hat Papa geantwortet.

Jedenfalls fühlte Papa sich mit dem Zudeme befreit. Nicht nur vom Fluch des Alten, sondern von der ganzen Last, die sich in den vergangenen Monaten auf seine Seele gelegt hatte. Nachdem wir jedoch unser Gepäck in Deutschland ausgeladen hatten, suchte Papa verzweifelt nach dem Zudeme. Es war nicht mehr da. Papa hatte es in Togo liegen lassen.

Zauber

»Was wollt ihr in Togoville?«, fragt der Taxifahrer, den ich nach dem Preis für die Fahrt dorthin gefragt habe. Er ist ein großer, sportlicher Typ, der Markenklamotten und ziemlich edle Schuhe trägt. Nicht nur für Kathi ist seine asymmetrische Buzz-Cut-Frisur zum vollen Bart ein echter Hingucker.

»Etwas über Voodoo erfahren. Und über meine Nanny«, erkläre ich unumwunden. Er nickt, als genüge ihm die Erklärung, und wir steigen in sein klappriges Taxi. Wir holpern inmitten ganzer Schwärme von Motos durch endlose Vorstädte, vorbei an den einstöckigen Rohbauten; an den Garagen, die man an alten Reifen erkennt; an den zahllosen, unter verblichenen Sonnenschirmen aufgebauten Verkaufsständen; an den improvisierten Cafés mit ihren grellen Plastikstühlen, bis wir Lomé schließlich hinter uns lassen. Jetzt zieht die tropische Landschaft vorbei. Jetzt, zum Beginn der Regenzeit, ist die Gegend von überbordendem Grün. Dazwischen kleine Höfe, Lehmhütten, umlagert von Kindern.

»Machen wir einen Zwischenstopp!«, bemerkt der Fahrer, der sich inzwischen als »John« vorgestellt hat. Ehe ich kapiere, ob das eine Frage oder eine Ankündigung sein soll, verlassen wir schon die Teerstraße und rumpeln über eine tief zerfurchte Piste durch ein Dorf, bis wir an einer Mauer anhalten. Im Beton sind Reliefs zu erkennen, plastische Darstellungen gefesselter und aneinander geketteter Frauen und Männer.

»Das Haus müsst ihr euch anschauen, denn dafür seid ihr *Weißen* verantwortlich. Es heißt Maison des Esclaves, wird aber auch Woold House genannt.« Der Schotte Woold habe das Sklavenhaus 1835 für den Sklavenhandel bauen lassen, erklärt John, während wir aussteigen und uns dem Eingangstor nähern.

»Es gab keine Möglichkeit sich zu waschen oder eine Toilette zu benutzen.«

»Das ist ja Folter!« Ich bin schockiert.

John nickt: »Das Maison Woold war für viele Versklavte die letzte Station auf afrikanischem Boden.« Er fordert uns auf, den Eintritt zu zahlen, was ich sofort tue, denn mir scheint an diesem Ort Feilschen absolut unangebracht. Kathi hingegen zögert, findet es nicht okay, ohne vorherige Absprache in ein Museum gebracht zu werden und dann auch noch Eintritt zahlen zu müssen. Kurzerhand zahle ich auch für sie, und wir betreten das Sklavenhaus. Die Einrichtung ist europäisch, Sessel, Schränke, ein Tisch aus der Biedermeierzeit. Aber in den Holzboden ist eine Klappe eingelassen, die der Leiter des Museums ungefragt für uns öffnet. Mitten im Wohnzimmer befindet sich eine Falltür zur Hölle.

Der Museumsleiter fordert uns auf, durch die Bodenklappe hinabzusteigen, um dem Gefühl nachzuspüren, das die Verschleppten in diesem Keller gehabt haben mussten, bevor sie unter nicht minder grausamen Bedingungen in den Bauch eines Schiffes verfrachtet wurden, wo sie sich wie Heringe zueinander legen mussten, auf die rechte Seite, damit ihre Herzen nicht zu früh zu schlagen aufhörten. Trotzdem überlebte nur die Hälfte der Gefangenen die wochenlange Überfahrt, erklärt uns der Mann.

»Keine zehn Pferde bringen mich da runter!«, erklärt Kathi, während ich hinabsteige. Sogleich umfängt mich ein Todeshauch. Dieses Verlies ist nur eineinhalb Meter hoch, die Sklaven konnten nicht einmal aufrecht stehen. Der Museumsleiter schließt über mir die Klappe, und ich überlege kurz, ob ich nicht besser bei Kathi oben geblieben wäre. Seine Stimme klingt dumpf durch die Bretter:

»Die Sklaven saßen hier wochenlang im Dunkeln. Bis zu hundert Menschen haben in dem Keller gleichzeitig vegetieren müssen. Manchmal wurden Frauen durch die Klappe hochgezogen.«

Er öffnet die Klappe und reicht mir die Hand, nach der ich sofort greife. Nichts wie raus aus dem Verlies! Er aber zieht seine Hand zurück: »Diese Frauen durften sich waschen, damit der Sklavenhalter sich nicht beschmutzte, wenn er sie vergewaltigte.«

Er lächelt und hilft mir hoch. Ich spüre oben plötzlich die Weite des Raumes, die Helligkeit des Lichts. Aber der Museumsleiter spricht unbeirrt weiter: »Kam das Schiff, um die Sklaven abzuholen, wurden sie aneinander gekettet und möglichst unbemerkt zum Meer gebracht. Dass dies eine Reise ohne Wiederkehr war, wusste jeder!«

Er weist auf die Möglichkeit hin, neben dem Eintrittspreis durch eine größere Spende Wiedergutmachung zu leisten. Kathi schlägt der Ort aufs Gemüt. Sie will nicht zahlen, sondern raus aus dieser Hölle. Ich dagegen krame ein paar Tausender aus dem Portemonnaie, die der Museumsleiter mit einem würdevollen Nicken an sich nimmt. Auf meinem Handy suche ich den Marley-Song und stecke die Kopfhörer in die Ohren:

Slave driver, the table is turn (catch your fire)
Catch your fire, so you can get burn, now (catch your fire)
Sklaventreiber, das Blatt hat sich gewendet (fange Feuer)
Fange Feuer, damit du brennen kannst, jetzt. (Fange Feuer).[IV]

Ich weiß nicht, ob auch Papa am Maison des Esclaves Halt gemacht hat. Kurz überlege ich, ob der betagte Museumsleiter sich vielleicht erinnert. Ich studiere das Besucherbuch. Die ältesten Eintragungen sind fünf Jahre alt, Papa wäre vor dreizehn Jahren hier vorbeigekommen. Seither haben ganze Heerscharen von Europäern ihre Signaturen in dem Buch hinterlassen. Die Hupe des Taxis reißt mich aus diesen ziemlich abwegigen Gedanken. John sitzt schon wieder in seinem klapprigen Gefährt.

Togoville, so erklärt er, während wir im Schritttempo die ausgewaschene Piste zurück auf die Hauptstraße rumpeln, Togoville erreicht man entweder über einen langen, beschwerlichen Umweg um den Togosee, oder man steigt in eine Piroge, wozu er rate. Kathi ist sofort für das Boot, und ich sehe in ihren glänzenden Augen, dass sie an eine romantische Bootsfahrt denkt, an Venedig und kitschige Liebesfilme. Ein passender Ausgleich für die Hölle, die wir gerade verlassen haben.

Nach einer längeren Fahrt steuert John den offiziellen Anlegeplatz an, wo neben großen Säcken schon viele schwer bepackte Händler und Bauern warten. Brennholz liegt lose gestapelt am Ufer, bereit für den Transport über die Lagune nach Togoville, dessen von Deutschen erbaute Kirche zwischen Wellblechdächern und hohen, sattgrünen Bäumen herausragt. Ob auch Papa hier gewartet hat?, frage ich mich. Er hat von einem Bootsmann erzählt, der ihn in einer Piroge über den See gebracht hat. In Togoville bekam er das *Zudeme*, dessen Verlust er tatsächlich für sein Unglück verantwortlich macht. Mein Vater, dieser rationale Mensch, ist in dieser Sache wirklich dem Aberglauben verfallen. Oder sind diese Fetische am Ende tatsächlich wirkmächtiger, als ich bisher angenommen habe?

»Ihr habt Glück. Heute ist in Togoville Markt«, erklärt John, nachdem er mit den Einheimischen gesprochen hat.

»Cool!«, flötet Kathi und schaut erwartungsvoll über den See. Doch wir müssen uns gedulden, denn die beiden Pirogen, die hier verkehren, werden von den Bootsmännern mit langen Stangen über den See gestakt, und das dauert. Die Kähne sind schwer beladen, so dass die Bootsmänner sich ins Zeug legen müssen. Lange sieht es aus, als bewegten sie sich trotzdem kaum vorwärts. Doch endlich legt eines der acht Meter langen Boote an. Aber keineswegs, wie Kathi hoffte, für uns alleine. In einer langen Prozession wird es die letzten Meter durchs Wasser entladen. Dann beginnt die erneute Beladung des flachen Kahns. Bauern und Händlerinnen wuchten Säcke in das Boot, ich vermute Yams, Maniok[V], Reis. Dazu werden Emailleschüsseln voller Ananas verfrachtet. Ein schweres Moped müssen mehrere Männer durchs Wasser an Bord hieven. Dann laden sie Bananenstauden,

Hühner mit zusammengebundenen Füßen zu Dutzenden in einem Korb, fünf Ziegen, die an einem Bein gepackt und unter Geschrei ins Boot geschleudert werden.

Am Ende waten Kathi und ich durchs Wasser, das uns bis zu den Schenkeln reicht, und steigen zu den sechzehn anderen Passagieren in das kippelige Boot. Die Piroge liegt nun so tief im Wasser, dass die Wellen fortgesetzt über die Bordwand schwappen. Plastikbecher werden ausgeteilt, und alle beginnen zu schöpfen. Zum Glück ist die Lagune nicht tief, denke ich und schaue zu Kathi, die ebenfalls emsig Wasser aus dem Boot schaufelt. Ich schöpfe unkonzentriert, schöpfe in mechanischen Bewegungen das immer neu hereinschwappende Wasser, lasse den Blick über den trübe sich kräuselnden See gleiten.

»Auf diesem See soll sich ein Wunder ereignet haben. Einem Fischer erschien im Wasser die Jungfrau Maria mit ihrem Kind. Dadurch wurde die alte Kirche zu einem großen Wallfahrtsort, den sogar Papst Paul der Zweite besucht hat«, erklärt hinter mir John, der uns ganz selbstverständlich auch ohne sein Fahrzeug weiter begleitet. In Wirklichkeit habe es sich aber gar nicht um die heilige Jungfrau gehandelt, erklärt er, sondern um eine weibliche Voodoo-Gottheit, die Fruchtbarkeit verleihe. Diese sei dem Wasser entstiegen, und nicht Maria. Bloß weil ein Geistlicher im Vatikan von der Vision erzählt habe, hätten die Kirchenführer die Frau natürlich prompt als Mutter Jesu interpretiert. Der ganze Kult um diesen heiligen Ort bis zum Papstbesuch sei nichts als ein Missverständnis.

Auch ich suche nach einer Erscheinung. Nicht nach der *weißen* Jungfrau mit ihrem Kind, nicht nach einer Voodoo-Gottheit, sondern nach einem einsamen Weißen, der ganz alleine in einer Piroge über den See gestakt wird, von einem Fährmann, der ihm Erlösung versprochen hat, natürlich gegen ein saftiges Entgelt. Wird Papa die Brücke Pont Lagunaire gesehen haben, über die gerade eine endlose Kette von offenen Güterwagen fast lautlos dahingleitet?

»Phosphat!«, erklärt John hinter uns. Er ist meinem Blick gefolgt.

Endlich schrammt die Piroge auf Grund. Helfer eilen herbei und bieten an, die Passagiere an Land zu tragen. Kathi ist geschmeichelt, auch wenn sie dieses Angebot sicher lieber von John bekommen hätte. Ich lehne ab, denn wir sind schon vom Einstieg ziemlich nass. Deshalb muss ich tief durchs Wasser waten, um an Land zu kommen. Nun bin ich endgültig durchnässt. Kathi aber, die an Land getragen wird, weiß nicht, was die pitschnassen Jungs, die sie getragen haben, noch wollen.

»Geld!«, zische ich.

Widerwillig kramt Kathi ein paar Scheine raus und gibt sie ihnen. Doch die Träger fordern mehr.

»Ça suffit!«, bestimme ich und ziehe Kathi mit mir. Die Jungs grinsen, und schon bieten sich die ersten als Führer an.

»Nous avons déjà un guide!« Ich zeige auf John, der sich vornehm im Hintergrund hält. Ein paar Schilder weisen den Weg zum »Hotel Nachtigal«.

›Hier unterschrieb Gustav Nachtigal 1884 den Schutzvertrag, aus dem Deutschland seine kolonialen Ansprüche auf Togo ableitete‹, erklärt eine Tafel.

»Vous êtes Allemandes! Un pays merveilleux! Tous les Togolais veulent le retour des Allemands!«, erklärt einer der selbsternannten Führer.

»Was will der schon wieder?« Kathi fühlt sich inzwischen etwas bedrängt.

»Er wünscht sich die Deutschen zurück nach Togo!«

»Echt jetzt?«

»Die Deutschen herrschten nur 34 Jahre in Togo. Dann haben die Franzosen sie vertrieben. Es blieb ihnen also nur wenig Zeit, alle kolonialen Grausamkeiten zu entwickeln. Außerdem: Wer früh stirbt, wird gerne mystifiziert!«, erklärt John.

»Woher weißt du das alles?«, fragt Kathi bewundernd.

»Ehrlich gesagt: Ich habe schon so manchen Touristen hierhergebracht. Betrachtet mich also vorübergehend als Touristenführer und nicht als Taxifahrer!«

Dann stehen wir mitten im Dorf Togoville. John verhandelt mit einem Mann, der uns zur Voodoo-Zeremonie bringen soll.

»Aufgabe der Voodoo-Priester ist es, magische Kräfte zu wecken. Für Glück auf materieller und spiritueller Ebene, für Fruchtbarkeit, Liebe und Harmonie«, erklärt der hutzelige Mann auf Französisch.

»Kommt mit!«, befiehlt er.

Auf dem Weg in das innere Gehöft passieren wir neben einem Toreingang zunächst einige Holzfiguren, die der Führer die Wächter des Hauses nennt. Dahinter, vor einer Mauer, entdecke ich eine lange Reihe von Fetischen. Mit Tuch umwickelte Kalebassen[3], die löchrig hervorstehen, Figuren, die Mistgabeln als Köpfe haben und blutgetränkte Gewänder tragen.

»Beschützer der einzelnen Familienmitglieder«, er-

---

3   Eine Kalebasse ist eine getrocknete Hülle eines Flaschenkürbisses.

klärt das Hutzelmännchen. Zielstrebig steuert er nun den Eingang zum Haus der Priesterin an.

In zwei hinteren Räumen sehe ich verhüllte Figuren: wichtige, starke Götter, verborgen hinter weißen Bettlaken, wie der Führer erklärt. Vor ihnen müssen wir uns zum Zeichen unserer Ehrerbietung auf den Boden knien und die Erde küssen. Um den Göttern unsere Hochachtung zu zollen, sollen wir jetzt die Oberkörper freimachen, die Hosenbeine hochkrempeln, Schuhe und Strümpfe ausziehen.

»Wir sollen blankziehen? Das meint der aber nicht ernst?«, stößt Kathi hervor, der schon länger mulmig ist.

»Drinnen sitzen schon einige Afrikanerinnen mit entblößten Brüsten«, stelle ich fest, nachdem ich einen Blick in den Vorderraum gewagt habe. Kathi behagt es nicht, sich hier zu entblößen. Unschlüssig steht sie im Vorraum, während ich mir einen Ruck gebe und mein T-Shirt über den Kopf ziehe. Kathi zückt ihr Handy, um alles zu filmen, statt daran teilzunehmen. Eine junge Frau, die selbst keine Probleme zu haben scheint, ihre Brüste zu zeigen, bringt uns Tücher und erklärt Kathi, dass sie hier weder filmen noch fotografieren darf. Die junge Voodoo-Anhängerin legt mir das Tuch um, verknotet es über der Brust. Ehe man sie hier rauswirft, lässt auch Kathi sich darauf ein. In den bunten Tüchern sehen wir nun selbst aus wie Priesterinnen. John, der den Oberkörper frei gemacht und in einer Ecke Platz genommen hat, deutet an, dass wir nun Wünsche äußern müssen.

»Was für Wünsche?« Kathi ist verwirrt.

»Etwas, wovon ihr wünscht, dass es in Erfüllung geht!«

»Amelé wiederfinden!«, sage ich ohne zu zögern. Kathi ist so erstaunt, dass sie vergisst, ihren Wunsch zu äußern.

»Wer ist das?«, fragt die Priesterin.

»Sie war meine Nanny. Ich will sie finden. Bevor sie nach Lomé ging, wohnte sie in Kara, wo sie für meine Familie gearbeitet hat.«

»Aber du weißt, wer diese Amelé war, bevor sie zu euch kam?«

Ich muss schlucken. »Ja, ich weiß! Aber woher …? Wo finde ich sie?«

»Wovon redet ihr?« Kathi schaut irritiert zu mir. Natürlich versteht sie nicht, worum es geht. Nicht einmal ich verstehe, woher die Priesterin Amelés »Geheimnis« kennt, falls sie überhaupt dasselbe Geheimnis meint, das Mama so lange vor mir gehütet hat.

»Wie die Geister aller Deutschen findet ihr Amelé auf der Missahoé bei Kpalimé. Die Deutschen haben sich dorthin zurückgezogen.«

Die Priesterin fordert uns nun zu weiteren Ritualen auf. Wir waschen die Hände in einem Kräutersud und streichen uns die Handflächen über den Kopf. Eine Flasche Gin steht bereit. Kathi und ich trinken widerwillig ein Gläschen davon. Da aber jedem Gott und auch uns beiden der Gin großzügig über den Kopf geschüttet wird, ist die Flasche schnell leer.

Der Führer bringt uns dann in einen kleinen Raum zu einem Voodoomeister. Der zeigt uns verschiedene Fetische, die mal auf Reisen vor Unfällen schützen, mal schlechte Träume fernhalten sollen. Es gibt Figuren, geformt wie kleine Püppchen, mit denen die Besitzer die Liebe ihrer Angebeteten entfachen können.

»Kathi, das ist deine. Handlich und stets einsatzbereit!«, witzele ich.

»Sehr witzig!«, bestätigt Kathi und legt die kleine Puppe zurück.

Eine Figur, der Meister nennt sie »Papa Legba«, ist der »Hüter der Wegkreuzungen«. Den Menschen eröffnet er die Möglichkeit, mit der Welt der Geister Kontakt aufzunehmen. Papa Legba ist ein Kopf, der aus dem Boden ragt, mit Augen aus Kaurimuscheln, Nase und Mund angedeutet. Ein Gespenst aus der Unterwelt.

Zu guter Letzt stellt der Meister uns drei Kürbisschalen vor die Füße. In die eine Schale sollen wir Fetische hineinlegen, die wir kaufen wollen. In die zweite Schale die, die wir nicht wollen. In die dritte die, bei denen wir uns nicht sicher sind.

Ich weise auf Papa Legba hin, will mehr über diese Figur erfahren, denn sie soll Menschen Einblick in die Geisterwelt gewähren und Visionen ermöglichen. Man opfert ihm – erklärt der Meister – keine Tiere, sondern lediglich Getreide und Genussmittel wie Kaffee, Rum, Tabak oder Zigarren. Sehr genügsam sei er, und für die Darreichung dieser Geschenke bietet er Menschen freimütig seine Vermittlerdienste an.

»Öffne diesem Mädchen das Tor!«, bespricht der Meister in meinem Namen feierlich den Fetisch und läutet dabei eine Glocke. Alle Blicke richten sich nun auf Kathi. Sie hat keinen einzigen Fetisch in die Kaufen-Schale gelegt.

»Du willst gar nichts?«

»Ich bin mir nicht sicher, ob das hier nicht ein großer Schmu ist, mit dem einzigen Ziel, uns Geld aus der Tasche zu ziehen!«, flüstert Kathi mir zu. Ich befürchte, der

Meister könnte ein bisschen Deutsch verstehen, und ich will ihn und seine mit großem Ernst vorgetragene »Medizin« nicht lächerlich machen. Was er uns zum Voodoo erklärt, scheint für die Einheimischen in keiner Weise ungewöhnlich. Und dann fällt mir das Figürchen ein, von dem Papa erzählt hat.

»Ich suche das *Zudeme*.«

»Aha?« Die ganze Aufmerksamkeit gilt wieder mir. Der Meister nennt es »Telefonmännchen« und holt ein umwickeltes Hölzchen mit einem Stock im Mund hervor. Ich untersuche es ganz genau. Ich habe es schon einmal im Traum gesehen, das Amulett, das Papa verloren hatte. Ich betrachte es. So archaisch es wirkt, hat es doch große Augen und einen weit geöffneten Mund. Dick mit einer wahrscheinlich blutgetränkten Schnur umwickelt, erscheint das *Zudeme* selbst wie ein Gefangener.

»Vor der Abreise einen guten Wunsch in die kleine Öffnung flüstern, mit dem Holzstopfen verschließen – dann guten Flug«, empfiehlt der Meister. Ich nehme dem Figürchen den Stock aus dem Mund.

»Führe mich zu Amelé«, flüstere ich ihm ein. Dann stecke ich das trompetenähnliche Hölzchen wieder in die Figur, verschließe sie, »lege den Hörer auf«, wie der Meister sagt, und drücke ihm das Zudeme in die Hand.

»Bitte öffnen Sie es, wenn ich weitergereist bin, damit mein Wunsch in Erfüllung geht!«, sage ich zum Meister. Er nickt, legt es beiseite. Dann wendet er sich Papa Legba zu. Sein Preis wird durch mehrfaches Werfen von vier Kaurimuscheln und Schnüren ermittelt. Dies sei der Wille des Vodún. Es handele sich dabei um ein kompliziertes Orakelsystem aus Schnüren und Kaurimuscheln mit 256 verschiedenen Zeichen, in denen alle

Lebenssituationen vorbestimmt seien. Er nennt einen hohen Preis.

»So viel habe ich nicht!«, muss ich zugeben. Unbeirrt wirft er die Kauris erneut. Ich zahle, lasse aber Papa Legba stehen. Der Meister nickt.

»Hol ihn, wenn du ihn brauchst. Er gehört dir!«

»Der hat dich über den Tisch gezogen!«, sagt Kathi, als wir wieder draußen sind.

»Um Amelé zu finden, muss ich über so einige Tische rüber!«, sage ich, aber Kathi schüttelt nur den Kopf. John hingegen nickt mir zu: »Du wirst diese Amelé finden!«

Amelé

»Wenn du willst, kannst du mit mir fahren«, sage ich zu Kathi. Wir sind zurück in unserem Zimmer, stehen am Fenster und blicken in das nächtliche Treiben auf Lomés Straßen.

»Aber du willst doch gar nicht direkt nach Kara!«

»Stimmt. Mindestens den Abstecher nach Kpalimé müsstest du in Kauf nehmen!«

Ich spüre, wie es in Kathi arbeitet. Der direkte Weg mit dem Überlandbus nach Kara wäre erheblich kürzer, weniger beschwerlich und entspräche auch den Vorgaben des Freiwilligendienstes.

»Was hat es mit dieser Amelé auf sich? Und von was für einem Geheimnis habt ihr gesprochen? Wenn ich mit dir komme, will ich wenigstens wissen, wonach du suchst!«

Ich nicke: Das ist nur fair. Aus dem Seitenfach meines Rucksacks hole ich Mamas zerknitterten, angegilbten Brief, den sie mir vor etwa vier Jahren gab, als sie meinte, ich wäre nun reif genug für die Wahrheit. Und tatsächlich hat sie darin nichts beschönigt. Ich gebe Kathi den Brief. Sie faltet ihn auf, liest still die ersten Zeilen. Dann gibt sie ihn mir zurück: »Lies du ihn mir vor!«

»Amelé hat sich nicht um die Anstellung bei uns beworben. Ich habe sie anders kennengelernt ...«

Ich schaue zu Kathi auf: »Bis zu diesem Brief habe ich mir nie Gedanken gemacht, wie Amelé zu uns gekommen ist, damals, als ich gerade mal ein Jahr alt war.«

»Okay, lies!«

»*Im Jahr 2000 besuchten wir eine Disco außerhalb Karas*«, schreibt Mama. »*Zwar war der Eintrittspreis hoch, trotzdem bewegten sich ein paar Afrikanerinnen auf der Tanzfläche. Die Musik war gut. Hauptsächlich Reggae. Schon damals stand Bob Marley hoch im Kurs. Ich ging also gleich auf die Tanzfläche. Ich war eine genauso begeisterte Tänzerin wie du. Dort herrschte eine Stimmung wie auf Teenagerpartys. Die Weißen gafften die Afrikanerinnen an, riefen ihnen anzügliche Bemerkungen zu. Die jungen Togoerinnen kicherten aufgekratzt, denn sie verstanden die Zurufe gar nicht. Sie warteten darauf, abgeschleppt und eine Zeitlang ausgehalten zu werden. Jeder wusste, dass sie von einer Verbindung mit irgendeinem Weißen träumten, der sie aushalten würde und ihnen im besten Fall den Weg nach Europa öffnen würde. Ich wandte mich angewidert ab, tanzte zwischen jungen Franzosen, die – selbst fast noch Kinder – in Togo völlig unvorbereitet und unausgebildet eine Art Militär-Ersatzdienst leisteten. ,Volontaires sans Frontières' nannten sie sich, Freiwillige ohne Grenzen. Wir bezeichneten sie als ,Volontaires sans Devoirs', also Freiwillige ohne Pflichten. In den ihnen zugewiesenen Projekten waren diese Jungs, die bisher nichts getan hatten als die Schulbank zu drücken, nicht zu gebrauchen. Unter ihnen herrschte deshalb eine toxische Langeweile. Oft betranken sie sich schon tagsüber. Abends kamen* sie in die Discos, um mit jungen Togoerinnen zu tanzen. Mich ließen sie natürlich in Ruhe. Wahrscheinlich erinnerte ich sie eher an ihre Mütter, denen sie gerade erst entkommen waren. Immerhin war ich schon 29 und sie gerade 18. Aber ich bemerkte etwas anderes: Auf kleine Zeichen hin verschwand immer ein junger Franzose mit einer jungen Togoerin. Zunächst fand ich das normal. Als sich die Tanzfläche aber immer weiter leerte, folgte ich ihnen unauffällig nach draußen. Ich sah, wie einer der betrunkenen Jungs einer hübschen Togoerin 2000 Franc zusteckte, umgerechnet drei Euro, und seine Hose aufknöpfte. Fast öffentlich wollte er sich von ihr befriedigen lassen.«

»Für drei Euro! Krass!« Kathi schüttelt sich. »Lies weiter!«

»Was sollte ich tun, alleine in der Nacht inmitten von Achtzehnjährigen, die sich schnell befriedigen ließen, um dann zurück auf die Tanzfläche zu torkeln? Es war ekelerregend, ich konnte nicht einfach weiter tanzen, als hätte ich nichts bemerkt. Ich fasste mir ein Herz und störte die beiden.«

»Echt? Irre! Wie haben sie reagiert?«

»Der Franzose stand da völlig bedröppelt im Laternenlicht. Er schloss seinen Hosenstall und verzog sich wie ein ertappter Schuljunge. Aber die Togoerin war stinksauer. Von Peinlichkeit keine Spur.

›Ce n'est pas votre affaire!‹, fauchte sie mich an. Das gehe mich nichts an.

›J'ai besoin de l'argent!‹, fügte sie hinzu, weil ihre Worte mich unbeeindruckt ließen. Sie brauche das Geld.

Da fragte ich sie, ob sie nur Geld von betrunkenen Jungs nehme oder ob auch ich sie bezahlen dürfe. Erst *war sie schockiert, dachte, ich sei lesbisch. Homosexualität ist in Togo ein absolutes Tabu und wird schwer bestraft. Als ich aber ein Bündel Geld aus meiner Tasche holte, überlegte sie nicht lange und willigte ein. Wir schlichen uns aus dem Blickfeld der anderen. Die Grillen zirpten sehr laut in dieser Nacht. Fledermäuse jagten dicht über unsere Köpfe hinweg wie Geister, die unser heimliches Spiel belauschten. Für Togo war die Nacht kühl. Vielleicht 25 Grad. Das Mädchen sah mich ängstlich an. Im Gegensatz zu den Betrunkenen wusste sie bei mir nicht, was sie tun sollte. Dass ich sie nicht berührte, ließ sie aufatmen. Ich zählte 10.000 Franc ab, gut 15 Euro, für Togo, wo ein Lehrer gerade mal 35.000 Franc im Monat verdient, eine ordentliche Summe.*

›Wenn du das Geld nimmst, darfst du nicht mehr hier arbeiten!‹, sagte ich ihr.

›Wovon sollen dann meine Familie und ich leben?‹ Sie verstand nicht, was mir daran lag, dass sie diese Arbeit aufgab.

›Komm morgen zu uns nach Hause. Wenn du willst, habe ich Arbeit für dich‹, erklärte ich ihr.

›Was für Arbeit?‹ Sie traute mir noch immer nicht.

›Im Haus!‹, erklärte ich ihr. Ich gab ihr Michaels Visitenkärtchen. ›Komm da hin!‹

Sie war völlig verdattert. Ich konnte förmlich sehen, wie es in ihrem Kopf ratterte. War ich am Ende eine christliche Missionarin, die sie auf den rechten Weg leiten wollte? Das wäre gefährlich für sie, denn ihre Familie war, wie ich später erfuhr, muslimisch. Wozu verpflichtete sie sich, wenn sie mein Geld annahm? Sie sah mich fragend an.

›Vertrau mir!‹ sagte ich. ‚Oder lass es bleiben!‹

Ich ließ das Geld wieder in meine Tasche verschwinden.

›Je suis là!‹, stieß sie hastig hervor. Sie würde kommen. Schnell nahm sie das Geld, stopfte es in ihren Büstenhalter und verschwand in der Nacht.«

»Ist das Mädchen tatsächlich zu euch gekommen?« Die Geschichte hat Kathi gepackt.

»Am nächsten Tag habe ich auf sie gewartet«, fahre ich fort mit Mamas Brief. »Du kannst dir denken, wie aufgeregt ich war. Immerhin holte ich uns eine kleine Prostituierte ins Haus. Würde sie uns bei der nächsten Gelegenheit beklauen? Einbrechern einen Zugang zu unserem Haus verschaffen? Und dann warst ja du da, meine kleine Juli, gerade mal ein Jahr alt. Sollte sie einen schlechten Einfluss auf dich haben, würde ich sie sofort rausschmeißen. Das nahm ich mir fest vor. Auf alles war ich gefasst. Aber das Mädchen kam nicht. Nicht an diesem Tag. Am nächsten Tag auch nicht. Es verging eine Woche, dann die zweite, doch das Mädchen tauchte nicht auf … Ich redete mit Tomfeï.

›Madame, c'est dangereux, ce que vous faites!‹ Das sei sehr gefährlich. Ich wisse nicht, was so ein Mädchen alles anstellen könne! Wenn ich eine Haushaltshilfe brauche, besorge er mir ein Mädchen, auf das ich mich verlassen könne. Sie komme nämlich aus seiner Familie! So redete er auf mich ein. Ich aber wollte nicht irgendein Mädchen. Genau dieses Mädchen wollte ich von der Straße holen. Allein: Sie kam nicht, und langsam fand ich mich damit ab.«

»Sie ist also nicht gekommen. War's das?«, fragt Kathi ungeduldig.

»Sie kam nach zwei Wochen.«

»Und deine Eltern haben sie nicht gleich wieder nach Hause geschickt? Ich meine: Wenn sie bei euch arbeiten sollte, musstet ihr euch auf sie verlassen können.«

»Sie stand in der Tür und hat nicht einmal versucht sich rauszureden. Sie war jetzt da, und es lag an uns, sie fortzuschicken oder reinzulassen. Ich hab sie reingelassen. Wir hatten eigentlich keine Arbeit für sie. Als sie die Wäsche in einem Bottich zu schrubben begann, zeigte ich ihr die Waschmaschine. Das Geschirr, das sie von Hand abwaschen wollte, kam in die Spülmaschine. Der Boden, den sie mit einem Reisigbesen fegte, wurde mit dem Staubsauger gereinigt. Aber sie hatte sofort einen Draht zu dir, Juli. Und auch du hast sie ins Herz geschlossen, von der ersten Minute an.«

Ich falte den Brief wieder zusammen und schaue Kathi an.

»Diese Amelé suche ich. Zuletzt soll sie in Lomé gelebt haben. Aber die Priesterin, die sie anscheinend kennt, meint, sie wäre jetzt in Kpalimé. Vielleicht ist sie aber auch ganz woanders gelandet. Hoffentlich finde ich sie, bevor wir unseren Freiwilligendienst in Kara antreten. Überleg dir also, ob du immer noch mit mir reisen willst.«

»Klar bin ich dabei. Mit einer so aussichtslosen Mission lass ich dich doch nicht alleine!«

In einem plötzlichen Impuls ziehe ich Kathi an mich und küsse sie: »Ich wäre jedenfalls bereit.«

Als ob ich mit dieser kleinen Geste eine Schleuse geöffnet hätte, schlingt Kathi mir die Arme um den Hals und küsst mich auf die Lippen. Kathis Zärtlichkeit überrascht mich und ist doch so selbstverständlich. Ihr weicher, warmer Körper an meinen geschmiegt – es ist, als passten wir zusammen wie warme Puzzleteile, viel

harmonischer als mit irgendeinem fremden Männer-
körper.

Als wir später im Bett liegen, Kathi schläft an mich geschmiegt, ziehen fremde Bilder von Afrika vor meinem
inneren Auge vorüber. Erinnerungen vermischen sich mit
dem Bild einer großen Afrikanerin mit hängenden Brüsten. In der Hand hält sie ein Figürchen, so klein, dass ich
herantreten muss, um es zu erkennen. Die Schnur, die
um seinen Bauch gewickelt ist, sieht glitschig aus. Ich
will danach greifen. Die Flüssigkeit klebt. Jetzt erkenne
ich: Blut! Ich schrecke auf. An Schlaf ist nicht mehr zu
denken. Ich stecke die Kopfhörer in die Ohren. Bob Marley. Er und all die karibischen Reggae-Musiker haben
etwas mit mir gemeinsam: Auch sie träumen von einem
Afrika, an das sie sich kaum noch erinnern können.

> *Cause we're moving right out of Babylon*
> *And we're going to our Father's land ...‹*

Kpalimé

This morning I woke up in a curfew
O God, I was a prisoner too, yeah!
An diesem Morgen wachte ich in einer Ausgangssperre
auf;
Oh Gott, auch ich war ein Gefangener, ja!
Konnte die Gesichter über mir nicht erkennen;
sie *trugen* alle *die Uniform* der Brutalität. Eh![VI]

John steht schon fast im Gästezimmer, als ich aus der Marley-Ballade ›Burnin' And Lootin‹ auftauche und ihn endlich bemerke. Die schlaftrunkene Kathi ist sofort wach. Ein glückliches Lächeln huscht über ihre Lippen: »John!«

»Wie hat er uns gefunden?«, frage ich.

»Ich hab ihm unsere Adresse gegeben!«

»Wieso?«

»Der Taxistand für die Fahrt nach Kpalimé liegt außerhalb. Hat John gesagt. Deshalb habe ich ihn bestellt. Er wartet auch, bis wir gepackt haben!«

Sie gibt John das Geld für die Fahrt. Ganz selbstverständlich setzt er sich in unser Zimmer und beobachtet, was wir in unsere Rucksäcke packen. Er fragt Kathi nach der Tafel Milka, die sie von zuhause mitgebracht und kühl zu lagern versucht hat. Kathi gibt sie ihm.

»Brauchst du das T-Shirt?«, fragt er mich.

»Klar. Ist sowieso nicht deine Größe!«

»Ist für meine kleine Schwester!«

In einem kurzen Impuls gebe ich ihm mein T-Shirt, das er mit einem leisen Nicken an sich nimmt, so als hätte es ihm ohnehin bereits gehört.

Ein »Danke« wäre schön!, denke ich – und denke wieder an Bob Marley und die Sklaverei und welches Elend die Baumwolle für unsere T-Shirts über die afrikanischen Sklaven und ihre Nachfahren, die Textilarbeiterinnen des globalen Südens, gebracht hat.

Die Taxistation ist entgegen Johns Angaben nur wenige Straßen entfernt, dort, wo ich sie anhand von Google Maps vermutet habe. John gibt dafür keine Erklärung, sondern sagt, dass er weiter müsse. Insgeheim bewundere ich Kathi, die aus ihren Gefühlen für John keinen Hehl macht. Sie schaut die belebte Straße hinunter, wo John gerade in langsamer Fahrt verschwindet und aus dem offenen Seitenfenster winkt. Ich lege ihr den Arm um die Schulter. Dass sie so treuherzig und durchschaubar ist, weckt meine Zuneigung.

»Wir halten zusammen!«, flüstere ich ihr zu und vergrabe meine Nase in ihrem nach Schlaf riechenden Haar. »Vielleicht nur eine Kleinigkeit: Könntest du dich bitte nicht in jeden halbwegs gutaussehenden Jungen verlieben?«

»Abgemacht, keine Gefühle mehr!«

»So weit brauchst du jetzt auch nicht zu gehen.«

»Will ich aber. Die Typen können mir gestohlen bleiben!«

Wir lassen uns nun den Fahrer zeigen, der die Tour nach Kpalimé fährt, und fragen ihn, wann er startet.

»Bientôt!«, sagt er, gleich gehe es los. Er rät uns, gleich sein ganzes Taxi für die Fahrt zu mieten. Er nennt einen Preis, in den wir in Deutschland sofort einwilligen würden. In Togo, wo es kaum Privatautos gibt, sind Taxis die einzigen, dafür aber sehr preiswerten Fortbewegungsmittel.

»Deux places à Kpalimé!« Ich bin froh, wieder selbst verhandeln zu können.

Der Fahrer, der kaum 30 Jahre alt sein dürfte und auf einem Zahnputzstöckchen kaut, nennt einen moderaten Fahrpreis, und ich gebe ihm das Geld. Er fordert uns auf einzusteigen und verstaut unser Gepäck im Kofferraum. Schnell kurbele ich das Seitenfenster herunter. In der drückenden Hitze wird das Taxi im Handumdrehen zum Backofen. Doch der Fahrer scheint keinem Fahrplan zu folgen. Gemächlich geht er auf und ab. Zwischendurch gönnt er sich an einer angrenzenden Bar einen Drink, dann diskutiert er wieder ausgiebig mit anderen Fahrern. Nach einer Viertelstunde sind Kathi und ich vollkommen durchgeschwitzt. Unsere Wasservorräte, vorhin erst gekauft, sind bereits zur Hälfte ausgetrunken, dabei haben wir noch eine mehrstündige Fahrt vor uns. Nach einer weiteren halben Stunde lässt eine korpulente Mama einen großen Sack in den Kofferraum wuchten. Yamswurzeln quellen aus ihm heraus. Dann bringt sie eine kleine Ziege, die so eng im Kofferraum angebunden wird, dass sie sich praktisch nicht mehr bewegen kann. Das kleine Tier schreit herzerweichend und pinkelt in den Kofferraum, was die glühende Luft mit einem scharfen Geruch erfüllt. Die Mama aber macht keinerlei Anstalten, einzusteigen. Im Gegenteil: An den verschiedenen Essständen deckt sie sich mit großen Mengen Proviant ein. Dann legt sie sich auf eine Holzbank in den Schatten. Zeit für ein frühes Mittagsschläfchen.

»Wann fahren wir?«, stelle ich den Fahrer zur Rede.

»Y'a pas le feu!«

Ich winke Kathi auszusteigen: »Der hat's nicht eilig!« Wir setzen uns zu der Mama in den Schatten. Doch nach einer weiteren Stunde ist lediglich ein in feinem Anzug gekleideter Mann mit einer Aktentasche hinzugekommen. Auch er macht es sich im Schatten bequem. Niemand scheint es eilig zu haben. Niemand außer zwei deutschen Mädchen, die langsam befürchten, dass es an diesem Tag gar nicht mehr losgeht.

»Wie viel müssten wir draufzahlen, damit es gleich losgeht?«, fragt Kathi schließlich den Fahrer.

»Wenn sechs Plätze belegt sind, fahre ich. Fehlen noch zwei Fahrgäste!«

Nach meiner Rechnung sind wir mit dem Fahrer bereits fünf Insassen. Trotzdem bietet Kathi ihm weitere Franc für die zwei Plätze, die der Fahrer gerne nimmt.

»Dann können wir ja endlich fahren!«

Der Fahrer nickt, und wie in Zeitlupe erheben sich die übrigen Fahrgäste aus dem Schatten. Ganz selbstverständlich nimmt der Mann im Anzug auf dem Beifahrersitz Platz. Die Mama setzt sich zu uns nach hinten. Sofort bietet sie uns Kostproben von ihren großen Essensvorräten an: Kochbanane in Erdnusssoße … Die leicht süßen, frittierten Bananen in der scharfen Soße schmecken so gut, dass ich mich zügeln muss, nicht einfach in die Vorräte der Frau zu greifen, die sie fast auf meinem Schoß platziert hat. Auch der Fahrer stopft sich den Mund voll. Dann rumpeln wir in dem quietschenden, ächzenden Gefährt los. Die Ziege schreit um ihr Leben, doch der

Fahrer gibt unbarmherzig Gas, wobei er in einem fort hupt. Ich verstehe zunächst nicht, wen er damit warnen will. Die Fahrbahn ist frei. Doch dann bremst er, und eine weitere Frau quetscht sich zu uns auf den Rücksitz. Der Fahrer fordert mich auf, mit Kathi auf einen Platz zusammenzurücken.

»Das war anders vereinbart!«, protestiert Kathi, doch die Frauen neben uns fangen auf Ewe einen Streit an. Nicht die Enge ist für sie das Problem, sondern die Weigerung der beiden Weißen, sich die Sitzplätze mit ihnen zu teilen.

»Wir haben für vier Plätze bezahlt!«, wehrt Kathi sich unverdrossen. Die Frauen verstehen kein Französisch, aber der Fahrer übersetzt ihnen Kathis Worte und löst damit im Taxi herzhaftes Gelächter aus. Ich spüre Kathis aufkeimende Wut und ziehe sie beherzt auf meinen Schoß. Die Mami verteilt munter Snacks, und der Fahrer knattert mit Vollgas weiter. Auf der Rückbank müssen wir uns abwechseln: Jeweils zwei beugen sich vor, damit die anderen beiden sich zurücklehnen können. Ein paar Straßen weiter steigt ein dicker Mann zum Anzugträger auf den Beifahrersitz, so dass dieser jetzt auf der Mittelkonsole sitzt, seine Aktentasche auf dem Schoß umklammert und bei jedem Schaltvorgang die Beine zur Seite drückt. Auch er beschwert sich, doch sein Protest findet ebenfalls kein Gehör.

Ich wende meinen Kopf, der an Kathis Rücken liegt, zum Fenster, schaue hinaus. Ich weiß nicht, ob Amelé diesen Weg genommen hat, denn die schnellste Verbindung zwischen Kara und Lomé verläuft auf der Nord-Süd-Route über die Nationalstraße. Unsere Fahrt geht in die Berge, durch immer grünere, üppigere Landschaft, deren Geruch nach Fruchtbarkeit den Gestank der Ziege überdeckt, vorbei an Verkaufsständen, die sich unter der Last der aufgehäuften Ananas, Mangos, Papayas und Bananen, Avocados und grünen Zitronen biegen. Vorbei an Urwaldriesen, von denen es nicht mehr viele gibt und die doch Zufluchtsort für die buntesten Vögel sind. Wir passieren Flüsse und Wasserfälle, deren leicht vergorener Dunst durch die offenen Fenster zu uns dringt und alle Insassen in einen Firnis aus klebriger Feuchtigkeit hüllt. Wundersame Trugbilder eines paradiesischen Lebens voller Überfluss, in dem niemand sich mehr für seinen Lebensunterhalt abmühen muss, weil alles in Hülle und Fülle wächst, wuchert, sprießt und die einzige Gefahr darin besteht, von einer herabfallenden Kokosnuss getroffen zu werden.

»Bin ich zu schwer? Sollen wir tauschen?«, fragt Kathi. Doch ich kann nicht antworten. Meine Gedanken wandern zu den Sklavenjägern, die die Einheimischen aus diesem Paradies rissen, um sie in das Elend der Zuckerrohr- und Baumwollplantagen zu zwingen.

Der Fahrer fährt jetzt langsamer, geradezu zivil, obwohl es nicht bergauf geht. Bergauf wird der alte Motor so schwach, dass wir nur noch Schritttempo fahren. Jetzt aber versperrt ein anderes Taxi, an dem noch das Länderkennzeichen der Schweiz prangt, die Straße. Oben auf dem Gepäckträger ist eine ganze Sofagarnitur verschnürt, und zwar quer zur Fahrtrichtung, so dass niemand überholen kann. Zeit, die Landschaft mit ihren hohen Gräsern zu betrachten und die Menschen, die ganz unerwartet aus ihnen hervortreten. Die zwei jungen Männer in einer khakifarbenen Uniform, die gegen die Sonne einen großen rot-blauen Regenschirm über sich

aufgespannt haben. Alle paar Kilometer ein halb aus-
einandergeschraubtes Fahrzeug. Darüber der kolossale
Himmel, in dem sich die tropischen Wolken der Regenzeit türmen. So habe ich dieses Land noch nicht gesehen,
denn damals habe ich alles mit Kinderaugen betrachtet.
Wer hier lebt, findet nichts Auffälliges mehr an den Öl-
fässern am Straßenrand.

»Benzinschmuggler!«, erklärt der Fahrer, so als könnte er meine Gedanken lesen, obwohl ich mich hinter Kathis Rücken verberge. »Verkaufen billigen, nigerianischen
Sprit, oft gestreckt mit Wasser, und machen so unsere
Motoren kaputt!«

Es dauert nicht die veranschlagten zwei, auch nicht
drei, sondern am Ende fast vier Stunden in dieser Enge.
Jeder Knochen tut weh, und jeder Muskel ist verspannt,
als wir Kpalimé erreichen und auf dem belebten Busbahnhof halten. Nachdem auch Kathi und ich ausge-
stiegen sind, wobei Kathi trotz der Enge und der langen Fahrt auf meinem Schoss geradezu ausgeruht wirkt,
zahlen die übrigen Fahrgäste. Und jetzt erst fällt es mir
wieder ein: Eine Taxifahrt zahlt man in Togo erst, wenn
man heil angekommen ist. Ein Anfängerfehler!

»Arrète!« Instinktiv reißt Kathi die Beifahrertür wieder auf, denn das Taxi rollt bereits an.

»Wir kriegen noch Geld zurück für die Plätze, die wir
bezahlt, aber nicht bekommen haben!«

Der Fahrer bricht in wildes Gelächter aus und fordert
uns auf, die Wagentür zu schließen. Stattdessen packt
Kathi mich am Arm und zieht mich zu sich auf den Beifahrersitz. Erneut sitzen wir in der Karre, der wir gerade
erst entronnen sind.

»Fahr uns ins Hotel!«, ruft Kathi mutig.

»Quel hôtel?«, fragt der Fahrer.

»Irgendeins!«

»Ihr seid Weiße. Ich bring euch zum Belgier ins Hotel Le Geyser!«

»Es darf auch afrikanisch sein!«, versuche ich einzulenken.

»Ihr braucht einen Swimmingpool!«, bestimmt der Fahrer. Und jetzt erlahmt auch mein Widerstand, denn das Taxi ist in die Route de Missahoé eingebogen. Dann haben wir schon das Ziel erreicht. Der Fahrer will auch für diese Fahrt Geld.

»Wir haben schon mehr als genug bezahlt!«, erklärt Kathi. Aber ich gebe ihm noch einen Schein.

»Wieso machst du das?«, fährt Kathi mich an. Sie findet, dass ich ihr in den Rücken falle.

»Lass ihm doch den kleinen Extragewinn. Nach dem Zustand seines Taxis zu schließen, braucht er ihn dringender als wir!«

»Hmm!« Kathi ist nicht einverstanden damit, dass wir, nur weil wir aus Europa kommen, ständig überhöhte Preise zahlen. Sie schluckt ihren Ärger aber runter.

Durch das offene Eingangstor betreten wir eine parkähnliche Anlage, um die sich Gäste-Appartements gruppieren. In der Mitte ein großer Swimmingpool, blau, und aus dem Wasser steigt Chlordunst. Am Rand warten Liegestühle auf Gäste, die es gerade nicht gibt.

»Superaffengeil!« Kathi kann es kaum fassen und hat den Taxipreis sofort vergessen.

Das Zimmer, das der Rezeptionist uns zeigt, ist sauber und mit Moskitonetzen vor den Fenstern geschützt. Ein breites, blütenweiß bezogenes Doppelbett lädt zum

Ausruhen ein. Während ich noch überlege, ob ich mein Moskitonetz zusätzlich über dem Bett befestigen soll, und wenn ja, ob ich den Befestigungshaken einfach in die Decke schrauben darf, kriecht Kathi schon in ihren staubigen Klamotten unter das dünne Laken. Da erlahmt auch mein Widerstand, und wenige Minuten später entschlummern wir beide.

Ich weiß nicht, wie lange ich geschlafen habe. Meine Glieder fühlen sich schwer an. Kathi ist verschwunden. Mein Handy zeigt Zwölf. Ich fühle mich wie ausgekotzt. Mein Mund ist knochentrocken, und ich habe einen schalen Geschmack. Die Wasserflasche ist fast leer. Mühsam erhebe ich mich, angelockt von lauten Rufen und spitzen Schreien von draußen. Mit dem letzten Schluck Wasser spüle ich eine Kopfschmerztablette runter. Dann folge ich dem Lärm, der mich zum großen Swimmingpool führt. Ich halte kurz inne. Noch hat Kathi mich nicht entdeckt. Sie trägt einen knappen Bikini und hat sich auf einer der Liegen ausgestreckt. Neben ihr liegen drei weitere Mädchen mit nassen Haaren. Die togoischen Jungs um sie herum feixen und tanzen zu dem Rap, der aus einem ihrer Handys scheppert. Abwechselnd schubsen sie sich ins Wasser und spritzen von dort die Mädchen nass, die wiederum quietschen und schreien, um gleich darauf selbst ins Wasser zu hüpfen, umringt von den Jungs, die sie – eher symbolisch – auf Abstand halten.

Ihr habt wenigstens euren Spaß, denke ich und bin ein bisschen neidisch. Niemand hindert mich ja daran, auch hineinzuspringen. Doch mein Kopf fühlt sich so schwer an, dass er vermutlich sofort untergehen würde. Leider hat Kathi mich jetzt entdeckt.

»Komm Juli, sei keine Spielverderberin!«

Ich gebe mir einen Ruck: »Okay! Was dagegen, wenn ich mich auch an den Pool lege?«

Das Mädchen mit dem Ring in der Nase und afrikanisch geflochtenen Zöpfchen sieht ein wenig ausgemergelt und nicht besonders glücklich aus.

»Nicole!«, stellt sie sich vor, während sie versucht, die Spritzer der Jungs zu ignorieren.

»Was führt euch her?«, frage ich sie.

Nicole ist erst seit kurzem in Togo. Sie hat einen dreimonatigen Aufenthalt in einem Entwicklungsprojekt gebucht. Ihre gesamte Reise muss sie selbst finanzieren. Kurz überlege ich, ob Nicole eine Verbündete im Geiste sein könnte, eine, die alles dafür tut, hier zu sein. Weil sie irgendetwas mit diesem Land verbindet.

»In was für einem Projekt arbeitest du?«, frage ich sie.

»Eigentlich in gar keinem, also, klingt vielleicht ein bisschen strange: Keiner im Waisenhaus braucht mich. Ich steh wie'n Zuschauer daneben, keiner erklärt was, keiner will meine Meinung hören, als wär' ich nix als Luft. Den Sinn vom Ganzen hab ich jedenfalls nicht kapiert. Also habe ich mich verabschiedet und reise im Land rum.«

»Cool!«, bemerkt Kathi, während ich meine Enttäuschung herunterschlucke: Doch keine Verbündete! Ich überlege, was ich von einer solchen Art von »Entwicklungszusammenarbeit« halten soll. Was Papa darüber denken würde, weiß ich schon.

»Cool? Geht so«, meint Nicole. »Cooler wär's zuhause. Kann mich gar nicht einlassen auf das Ding hier, bin mit dem Kopf viel mehr in Deutschland.«

»Nicole hat kurz vor der Abreise ihren Freund

kennengelernt. Jetzt redet sie von nichts anderem mehr!«, erklärt Lena, die zweite der Drei. Ich verkneife mir die Frage, warum Nicole überhaupt abgereist ist. Scheint eine planlose Aktion gewesen zu sein.

»Vergiss ihn! Ich hab meinen auch schon vergessen!«, rät Kathi, die Expertin für gelungene Liebesbeziehungen.

»Und du?« Ich muss unwillkürlich grinsen und wende mich an Lena.

»Ich habe mich zum Freiwilligendienst in einer Schule in Atakpamé gemeldet. Wie das wird, weiß ich noch nicht. Wenn ihr aber in Atakpamé vorbeikommt, müssen wir uns treffen!«

»Und du, ebenfalls gefrustet?«, wende ich mich an das schüchterne Mädchen mit der dicken Brille. »Maya«, wie sie sich mit einer leisen, fast flüsternden Stimme vorstellt. Ich muss mich zu ihr hinüberbeugen, um sie zu verstehen, denn die Jungs machen einen Heidenlärm.

»Ich bin in einem Umweltprojekt gelandet, in einem winzigen Dorf im Norden. Da gefällt's mir eigentlich gut. Also, es ist schon sehr einfach. Ich lebe halt wie die anderen im Dorf, ohne Strom, ohne fließend Wasser, Freiluftklo, Duschen mit einem Eimer Wasser, Kochen auf drei Steinen, du weißt schon!«

»Was ist deine Arbeit?«

»Aus Abfall Portemonnaies und Handyhüllen herstellen. Ein kleines deutsches Projekt in dem Dorf ...«

Sie zieht ein Portemonnaie aus der Tasche. Es ist sichtbar aus Plastiktüten zusammengenäht und überhaupt nicht schön, wie ich finde. Das sage ich ihr ehrlich und frage, wer diese Geldbörsen hier kauft.

»Das ist das Problem«, gibt Maya zu. »Die Portemonnaies sind teuer und kein Togoer will sie kaufen.

Also schaffen wir sie nach Deutschland, hoffen auf die Spendenbereitschaft dort, aber auch in Deutschland werden so wenige verkauft, dass wir auf den meisten Geldbörsen sitzen bleiben.«

»Wieso ist euer Projekt dann noch nicht pleite?«

»Weil ich und andere Freiwillige bei Weltwärts es mit unserem Aufenthalt bezahlen.«

»Das ist ja absurd!«, entfährt es mir.

»Nein, es ist schön. Du musst wissen …«, Maya beugt sich etwas vor, als wolle sie nicht, dass die anderen mithören: »Ich bin fast vollständig blind!«

Erst jetzt entdecke ich den Stock, den Maya neben ihre Liege gelegt hat. Und hinter ihrer Brille blicken Mayas Augen ins Nirgendwo.

»Darf ich?« Maya tastet nach mir, fährt vorsichtig über meinen Arm.

»Jetzt, in der grellen Sonne, sehe ich euch wie Schatten. Nachts kann ich euch nur hören.«

»Wie kommst du fast blind in einem Dorf ohne Strom und fließend Wasser zurecht?«, frage ich. Doch Maya berührt bereits meine Dreads und lächelt dabei leise.

»Reggae!«

Ich nicke und erinnere mich dann erst, dass Maya das Nicken gar nicht sieht.

»Ja!«, sage ich: »Schon immer Reggae und Reggae forever!«

»Yaa Rastafari!«, flüstert Maya: »Ever living, ever faithful, ever sure!«, und erzählt dann, dass es gut klappt in dem Dorf, denn es gibt noch andere Dorfbewohner mit Behinderung. Sogar zwei weitere Blinde. Und das Dorf ist so überschaubar! In der Hütte, in der sie mit einer Familie lebt, kennt sie jeden Winkel.

»Wow!« Ich bin voll echter Bewunderung. Maya, die Blinde, ist mir auf Anhieb am nächsten. Gewissermaßen fühle ich mich selbst wie eine Blinde, die sich auf den dunklen Spuren der Vergangenheit vortastet.

»Wir brauchen euch alle hier!«, mischt sich jetzt auch einer der Jungs in das Gespräch, dem er bisher ohne Deutschkenntnisse nicht folgen konnte. In seinem leicht verständlichen Französisch erklärt er nun, wie abgedreht er all die Kritik an den Projekten findet.

»Was würde ich jetzt machen, wenn ihr alle nicht nach Togo gekommen wärt? Ich würde den ganzen Tag auf dem Markt irgendetwas verhökern und am Abend kaum genug Geld haben, um mir was zu essen zu kaufen. Was also soll verkehrt daran sein, dass ihr hier seid und uns bezahlt?«

»Das ist leider nicht so einfach!« Lena schenkt ihm erstmals ein freundliches Lächeln. Unverkennbar, dass er sich geschmeichelt fühlt. Unübersehbar, dass ihm die große blonde Lena gefällt. Vermutlich denkt Lena aber, dass er keine Ahnung hat. Obwohl das Thema ihn doch viel mehr betrifft als die deutschen Mädels, die bald wieder abreisen werden. Kommen wir jemals raus aus diesen komischen Schwarz-*Weiß*-Denkmustern?, frage ich mich.

»Ich hab noch was zu erledigen!«, erkläre ich kurzentschlossen und erhebe mich.

Die drei Mädchen und Kathi winken mir nach. Ich hole meinen Rucksack und eile damit zur Rezeption.

»Wohnen hier in Kpalimé noch Deutsche?«, komme ich gleich zur Sache.

»Nur noch ganz wenige!« Der Rezeptionist ist abgelenkt. Er kann den Blick nicht vom Pool lösen.

»Kennen Sie einen?«

»Klar, jeder hier in Kpalimé kennt Rolf.«

»Rolf? Wo wohnt der?«

»Ich ruf ein Moto!«

Immer noch gilt seine ganze Aufmerksamkeit dem Pool. Ob er sich Sorgen macht wegen der wilden Jungs oder die Mädchen in den Bikinis bewundert, weiß ich nicht. Jedenfalls wirft er nur einen kurzen Blick auf sein Handy, um einen Namen anzuklicken. Dann telefoniert er, spricht Ewe oder eine andere afrikanische Sprache, die ich nicht verstehe. Nach ein paar Sekunden beendet er das Gespräch.

»Und?« Mich nervt langsam, dass er mich keines Blickes würdigt, sondern weiter ungeniert zu den Mädels rüber starrt.

»Claude kommt!«

»Wer ist Claude?«

»Dein Moto!«

Mehr bringe ich nicht aus ihm heraus. Aber kaum fünf Minuten später höre ich das unverkennbare Knattern eines Mopeds. Ein freundlicher Junge mit kleinen Zöpfchen, die wie Antennen in alle Richtungen abstehen, tritt ein. Kurz schaut er sich um, erfasst die Situation:

»Filles blanches!«[4]

»Filles allemandes!«[5], zischt der Rezeptionist, der auch Claude keines Blickes würdigt.

»Ahhh! Gehen wir?«

»Stopp, was kostet die Fahrt?« Ich will nicht wieder den gleichen Fehler machen, sondern den Preis vor der Fahrt aushandeln.

---

4 Französisch: Weiße Mädchen!

5 »Deutsche Mädchen!«

»200 CFA, wie immer!«[6]

Erst, als wir bereits halsbrecherisch an den Abgründen entlang jonglieren, die die Regenzeiten in die Straße gewaschen haben, fragt Claude, warum ich zu so einem alten Mann will. Für sie, die Jungen, gebe es doch viel coolere Locations in Kpalimé. Zum Beispiel die Africa Bar – Chez Corneille, eine Reggaebar mit einem Barmann, dessen Lache man nicht vergesse. Oder das Crystal, der einzige echte Club, der jeden Samstag öffne.

»Klingt alles sehr europäisch!«

»Dann geh zur Bar Alokpa – ist eine Straßenbar, in der am Wochenende bis tief in die Nacht zu westafrikanischer Musik getanzt wird.«

Mag sein, dass Kpalimé in ganz Togo der coolste Ort zum Feiern und Abdancen ist. Amelé werde ich in diesen Clubs aber kaum finden. Denn längst habe ich ausgerechnet, dass sie schon Mitte Dreißig sein müsste.

Inzwischen schlittern wir über ungeteerte Pisten. Claude fährt geschickt, teils auf schmalsten Graten, über die ich nicht hätte balancieren wollen. Vor einer Betonmauer stoppt er.

»Hier ist es!«

»Warte bitte, ob überhaupt jemand da ist. Sonst fahr ich gleich wieder mit dir zurück!«

Ich ziehe an einer Strippe, die über dem Stahltor hängt. Tatsächlich führt sie zu einem Glöckchen, das nun hell erklingt. Hunde kläffen, aber niemand öffnet. Ich poche an das Tor. Ein tiefer metallischer Klang. Das Hundegebell rückt näher. Die Hunde sind jetzt direkt hinter dem Tor. Fast bin ich froh, dass es noch geschlossen ist.

---

6 200 CFA entsprechen 30 Cent.

»Ago!«, ruft Claude laut. Keine Reaktion. Er lächelt. Die nächste Fahrt ist so gut wie gebucht. Ich schwinge mich wieder hinter ihm auf das Moped, und er tritt den Motor an, da öffnet sich das Tor. Eine überaus attraktive, wie aus einem Modejournal stammende Afrikanerin in engem Minirock, die Haare mit geflochtenen Extensions verlängert, tritt heraus. Sie dürfte ein paar Jahre älter als ich sein, hat helle Haut, und ich überlege kurz, ob das von den Aufhellungscremes kommt, für die überall geworben wird. Claude stellt den Motor wieder ab, denn die Frau fragt etwas.

»Nouka matem awo nawo?«[7]

Ich vermute, das ist Ewe. Claude erklärt auf Französisch, dass ich aus Deutschland bin und Rolf suche.

»Rolf est mon père. Ŋke be ŋu!«, sagt sie und bittet mich herein. Doch Claude hält mich am Arm zurück und fragt nach meiner Handynummer. Kurz zögere ich, sehe ihm in die Augen. Dann gebe ich sie ihm, er tippt sie in sein Telefon und lässt mein Handy klingeln.

»Jetzt hast du meine Nummer. Ruf mich an, wenn ich dich holen soll!«

Dann knattert er mit seiner Maschine davon. Ich hätte ihn fragen sollen, ob er mich begleiten will, überlege ich und merke, dass ich bereits Vertrauen zu ihm gefasst habe. Seine Begleitung aber wäre viel zu teuer. Immerhin müsste ich all seine ausgefallenen Touren bezahlen. Ich reiße mich los von diesen absurden Gedanken und gehe hinter der Tochter her, die auf ihren High Heels durch einen aufgeräumten, gepflegten Garten balanciert. Eine Bougainvillea ergießt ihre üppige violette Blütenpracht

---

7 Ewe: Kann ich euch helfen?

über die Mauer. Der Weg, der durch einen akkurat geschnittenen, dichten Rasen führt, ist weiß gekiest. Die Tochter führt mich auf eine überdachte Veranda. Ein frisch frisierter, geschniegelter junger Mann mit nacktem Oberkörper und eingeschäumtem Kinn, einen Rasierer in der Hand, schaut aus einem Zimmerfenster. Auch er hat auffallend helle Haut.

»C'est mon frère!«[8], informiert die Tochter mich, um ihm dann zuzurufen: »Rolf hó amédzro![9]«

Er deutet mit einer Kopfbewegung zu dem Esstisch um die Ecke und verschwindet wieder in seinem Zimmer. Jetzt sehe auch ich den Mann, der in einem Sessel an dem niedrigen Tisch versunken ist. Daneben eine füllige Afrikanerin, die auf ihrem Handy tippt. Erstaunlicherweise hat sie keinerlei Ähnlichkeit mit der Tochter oder dem Sohn. Rolfs Tochter stellt mich vor.

»Rolf, quelqu'un pour toi«.[10]

»Wer ist es?«

Die Tochter zuckt mit den Schultern, setzt sich zu der Frau und zückt ihr eigenes Handy.

»Ich spreche kein Ewe!«, sagt Rolf statt einer Begrüßung.

»Ich auch nicht!«, antworte ich erleichtert.

---

8 Französisch: »Das ist mein Bruder!«
9 Ewe: »Rolf hat Besuch!«
10 Französisch: »Rolf, da ist jemand für dich«.

Rolf

»Ah, Deutsch! Das habe ich lange nicht mehr gehört!«

Die Frauen schauen von ihren Handys auf.

»Keiner außer mir spricht hier Deutsch. Und alle außer mir können Ewe. Ehrlich, ich hab versucht, es zu lernen. Keine Chance! In diese alte Birne geht nix mehr rein! Das ist übrigens meine Frau!«

»Angenehm!« Ich versuche ein Lächeln.

»Agbe wo anyigba?«

»Was sagt sie?«

»Ich glaube, sie fragt, wie es dir geht. Den ganzen Tag quatschen sie hier Ewe, und ich hab keine Ahnung, ob sie über mich, über Mode oder übers Wetter reden. Aber setz dich doch! Was willst du trinken? Bier, Whisky, Gin?«

»Gibt's auch Wasser?«

»Klar: De l'eau s'il vous plaît! Was führt dich zu mir?«

Rolf ist ein blasser, älterer Mann, dessen dünnes graues Haar in alle Richtungen steht. Er ist so übergewichtig, dass er wohl nur schwer aus seinem Sessel herauskäme. Seine Arme und Beine haben eine ungesunde, gelbliche Farbe, seine Fingernägel sind lang und schwarz, die Füße in seinen Flipflops sind angeschwollen. Der Mann wirkt wie ein dicker Käfer, den man auf den Rücken gelegt hat. Er gestikuliert hilflos mit Armen und Beinen. Dabei zeigt er mir eine schwärende Wunde am Bein, die sich entzündet hat und eitert.

»Kleines Malheur! War nur ein Kratzer. Aber in Afrika wird das fast automatisch zur gefährlichen Entzündung. Bei mir ist es eine Blutvergiftung geworden. Ich musste ins Krankenhaus, bin dem Tod nur knapp von der Schippe gesprungen.«

Ich will die Wunde nicht allzu genau anstarren.

»Ich suche eine Frau. Togoerin«, komme ich gleich zur Sache. »Sie hat früher für deutsche Entwicklungshelfer gearbeitet und tut das vielleicht immer noch. Angeblich kennen Sie hier alle Deutschen!«

»Ich lebe seit 30 Jahren in Togo und habe 40 Jahre in allen erdenklichen Organisationen der Entwicklungshilfe gearbeitet. Mädchen, du glaubst nicht, wie viele Deutsche ich kommen und gehen gesehen habe!«

»Ist Ihnen eine Amelé untergekommen?«

»Die Angestellten der Weißen kenne ich meistens nicht beim Namen. Wie heißen die Deutschen, für die sie gearbeitet hat?«

»Heller. Anne und Michael Heller!«

»Wie lange ist das her?«

»Dreizehn Jahre ungefähr!«

»Die waren aber nicht in Kpalimé. Sonst würde ich sie kennen.«

»Nein, in Kara! Aber Amelé ist vor unserer Abreise hierher nach Süden gezogen.«

»Kara! Bis zur Niederschlagung der Opposition gab es da viele Weiße. War ja die Heimat des ewig schwitzenden Diktators Gnassingbé Eyadéma, dem Vater des aktuellen Präsidenten. Heute wohnen da kaum noch

Deutsche. Aber Heller! Den Namen hab ich schon gehört. Kann sein, dass die damals in Kara lebten.«

Enttäuscht trinke ich aus der Plastikflasche, die Rolfs Frau mir gebracht hat. Ist ja klar, dass ich nicht hier reinschneien und gleich einen Hinweis auf Amelé erwarten kann.

»Hätte ja sein können!« Ich erhebe mich.

»Als ich hierherkam, war ich fast so jung wie du. Studierte Agrarwissenschaften. Da haben sie mir einen Vertrag angeboten. War eine heiße Zeit. Eine Gruppe Schweizer Hippies hatte einen Überlandbus hierher verschifft. Die Freaks fuhren für ihr alternatives Busunternehmen zwischen Lomé und Kara rauf und runter. Damit konnte man natürlich kein Geld verdienen, aber die Hippies waren voller Idealismus. Weil ihr Bus ständig repariert werden musste und Ersatzteile kaum zu kriegen waren, holten sie noch eine ganze Metallwerkstatt mit Drehbänken, Fräsmaschinen, Schweißausrüstung nach. Damit haben sie hier in Kpalimé ein Ausbildungszentrum für Mechaniker aufgemacht. Bald folgten eine Schreinerei, eine Zimmerei, Nähmaschinen, es kamen Entwicklungshelfer. Schnell waren sie die bestausgerüstete Werkstatt in Togo. Sogar aus den Nachbarländern kamen Kunden, um hier ihre teuren Karren fit machen zu lassen. Jedenfalls stand den Schweizern offenbar unbegrenzt Geld zur Verfügung, denn ihre Preise waren extrem niedrig, und doch konnten sie ununterbrochen neue Maschinen nach Togo schaffen.«

»Schweizer eben. Die haben immer Geld!«, bemerke ich. Das Gespräch läuft irgendwie aus dem Ruder. Ich wollte nur nach Amelé fragen, aber Rolf redet und redet.

»Von wegen ‚die haben immer Geld‘! Die haben ein

irres Ding gedreht, diese Schweizer! Alle haben sich nämlich gewundert, warum die Polstermöbel, die sie in ihrer Schreinerei herstellten, in Europa so begehrt waren. Bis der Zoll eines Tages einen Tipp bekam und die Polster aufgeschlitzt hat. Die waren mit bestem togoischem Marihuana vollgestopft. So haben die Schweizer den Laden finanziert. Aber ihr Chef ist dafür in den Knast gewandert. Und hier im Knast zu sitzen, das wünschst du deinen ärgsten Feinden nicht!«

»Was wurde aus dem Ausbildungszentrum?«

»Das gibt's bis heute. Eine deutsche Entwicklungshilfeorganisation hat es übernommen. Für die habe ich lange die Finanzen verwaltet. In Togo eine heiße Aufgabe, kann ich dir sagen! Aber jetzt habe ich mich zur Ruhe gesetzt, wohne auf dem Land, wenn ich nicht gerade eine Blutvergiftung auskurieren muss.«

»Wieso gehen Sie nicht zurück nach Deutschland, um sich behandeln zu lassen?«

»Als meine Mutter vor 25 Jahren starb, war ich zum letzten Mal in Deutschland, um die Beerdigung zu organisieren. Da wurde mir endgültig klar, dass ich nach all den Jahren nie wieder in Deutschland würde leben können. Dieses Abschotten gegen alles Fremde, diese Verbohrtheit, dieser Rassismus, diese Versicherungsmentalität dort! Zurück in Togo wusste ich, dass ich den afrikanischen Kontinent nicht mehr verlassen werde.«

»Aber warum gerade Togo, eines der ärmsten Länder der Welt?«

»Klar, ökonomisch ist dieses Land die reinste Katastrophe. Das Phosphat, das sie gewinnen, ist auf dem Weltmarkt nichts mehr wert. Der Hafen in Lomé ist zwar der größte an der westafrikanischen Küste. Leider gehört er einem Franzosen, der die togoischen Regierungsbeamten schmiert. Bleibt eigentlich nur die Landwirtschaft, aber die Böden sind ausgelaugt und unfruchtbar, ständig müssen neue Flächen brandgerodet werden. Ein Riesenproblem angesichts einer rasant wachsenden Bevölkerung!«

»Sie klingen ähnlich frustriert wie meine Eltern.«

»Was erzählen die denn?«, fragt er zu meiner Überraschung. Bisher hat er sich lieber selbst reden gehört.

»Meine Eltern in der Entwicklungshilfe, wie es damals noch hieß, das ist eine lange Geschichte. Jedenfalls sind sie bis heute enttäuscht.«

»Enttäuscht? Hatten sie falsche Erwartungen?«

»Das glaube ich nicht. Meine Mutter hat mir darüber einen langen Brief geschrieben, weil ich auch nach Togo wollte.«

»Was hat sie geschrieben?«

»Oh, das würde jetzt den Rahmen sprengen!«

»Versuchs einfach!«

Auf keinen Fall werde ich Rolf die ganze lange Geschichte meiner Eltern auftischen. Aber vor meinem inneren Auge ziehen Erinnerungen an Mamas Zeilen vorüber, die ich so oft gelesen habe:

»Es war eine schöne Zeit«, hatte sie geschrieben. *»Vielleicht die schönste unseres Lebens. Wir waren Mitte Zwanzig und voller Tatendrang. Michael hatte begonnen, mit Lehrlingen Holzbrücken zu bauen. Das war genial: Brückenbauen war genau das, was wir in Afrika tun wollten. Seine Arbeitgeber ließen ihm größtmögliche Freiheit, und so hatte er bald einen guten Draht zu den Jugendlichen. Sie mochten und respektierten ihn sehr. Ich glaube, ich habe Michael noch nie so glücklich gesehen.*

In Kara haben sie uns einen großen Bungalow zur Verfügung gestellt, mit riesigem Garten und hohen Mauern drumherum. So war ich nicht nur die Begleiterin von Michael, sondern grub den Garten um und legte Gemüsebeete an, pflanzte Bananenstauden, Avocadobäume, Ananas. Wir hatten ausreichend Wasser, der Boden war fruchtbar, die Pflanzen gediehen im tropischen Klima prächtig. Bis zu vier Ernten im Jahr hatten wir.

Es war allerdings nicht alles eitel Sonnenschein. Bald klopften Einheimische an unser Gartentor. Erst freuten wir uns, denn wir dachten, sie wollten uns begrüßen. Aber sie drucksten herum, sprachen nur wenig Französisch. Dann haben wir ihr Anliegen verstanden. Sie wollten wissen, ob wir Arbeit für sie hätten. Angeblich waren sie Wächter, Gärtner, Fahrer, Köchinnen, Putzfrauen, Kindermädchen. Ich habe freundlich abgelehnt. Solange ich hier keine Arbeit hatte, brauchten wir kein Personal. Im Gegenteil: Ich liebte es, mit den Händen im Boden zu wühlen, zu säen und zu pflanzen und alles wachsen zu sehen. Außerdem waren wir nicht nach Afrika gekommen, um uns bedienen zu lassen. Wir wollten doch zeigen, dass wir uns nicht als etwas Besseres fühlten, dass wir genau wie sie unseren Haushalt führen konnten. Alles andere wäre uns wie eine Fortsetzung des Kolonialismus vorgekommen: Wir die weißen Herren, sie die schwarzen Diener.

Doch plötzlich erntete ich auf dem Markt, in den Läden, auf der Straße, überall, wo man mich bisher äußerst fröhlich begrüßt hatte, böse Blicke und Worte, die ich nicht verstand. Kabyè ist eine komplizierte Sprache, und ich hatte gerade erst begonnen, mir mit einem Lehrbuch ein paar Redewendungen anzueignen. Anfangs hielt ich die Feindschaft der Leute für eine normale Reaktion. Wir waren Fremde und kannten die Sitten und Gebräuche nicht. Vielleicht waren hier im Norden Togos Deutsche überhaupt unbeliebt. Nach den Erfahrungen mit den deutschen Kolonialisten konnte man ihnen das nicht verdenken. Wir wollten ihnen zeigen, dass wir anders waren als die Deutschen, die sich vor zweihundert Jahren hier breit gemacht, im Süden eine Radiostation und nach Norden eine Eisenbahnlinie gebaut hatten. Wir wussten, dass deutsche Soldaten vor ihrem Abzug die nagelneue Radiostation gesprengt hatten. Wir wussten, dass die Eisenbahnlinie danach verrottete. Ich versuchte freundlich zu sein, besonders zu denen, die offensichtlich Groll gegen uns hegten. Doch meine Bemühungen liefen ins Leere. Die Marktfrauen verzehnfachten bei mir den Preis fürs Gemüse, für Salz, Pfeffer und Gewürze, die Schneiderinnen weigerten sich, Aufträge von mir anzunehmen, betrunkene Togoer pöbelten mich abends vor unserem Haus an. Junge Männer stiegen auf unsere Umgrenzungsmauer und drohten unverhohlen, bei uns einzubrechen. Michael musste hilflos mitansehen, wie ihm die Rückspiegel seines Dienstfahrzeugs abgebrochen, Nagelbretter vor die Reifen gelegt wurden. Er erkundigte sich bei seinen Lehrlingen, was die Leute gegen uns hatten.

,Man sagt, ihr seid geizig!', erfuhr er. Wieso geizig? Überall gaben wir reichlich Trinkgeld und bezahlen ohne Murren die maßlos überhöhten Preise, die man von uns verlangte. Was verleitete sie dazu, uns für geizig zu halten? Die Antwort war einfach: Weil wir keine Bediensteten einstellten, brachten wir die Einheimischen um ein dringend benötigtes Einkommen. Ganze Familien lebten *auskömmlich vom Gehalt der Hausangestellten. Jobs als Gärtner, Wächter, Fahrer waren so begehrt, dass die Leute sie sich unter der Hand zuschoben. Würden wir uns weiterhin weigern, von unserem guten Gehalt etwas an die Einheimischen abzugeben, würden wir in Kara niemals Fuß fassen, klärten sie Michael auf. Sie flehten ihn an, Togoer für uns arbeiten zu lassen. Und als sie merkten, dass uns dieser Gedanke immer noch missfiel, drängten sie ihn, wenigstens einen Wächter einzustellen. Jemanden, der unser Eigentum und uns vor Übergriffen schützte. Schließlich ließen sie es sich nicht nehmen, uns jemanden zu vermitteln. Sie schickten uns Tomfeï, einen muskulösen Mann in zerschlissenem Blaumann, der Respekt und Ansehen genoss. Er zog in unsere Dienstwohnung ein. Tomfeï fuhr mich im Wagen durch die Gegend, begleitete mich auf den Markt, in die Läden, die Nähstuben. Und tatsächlich: Von dem Moment an, wo er bei uns arbeitete, zahlte ich nur noch die handelsüblichen Preise, die Näherinnen drängten sich darum, mich einzukleiden, die Menschen auf der Straße lachten und winkten mir zu: ‚Ansai-Yowo-Yowo', riefen sie. Ihr Wort für Weiße. Von diesem Moment an wussten wir, dass wir niemals Teil ihrer Gemeinschaft werden, sie uns niemals auf Augenhöhe begegnen würden. All unsere Ideen von Gleichberechtigung und Gleichwertigkeit waren Illusion gewesen.«*

»Na klar!«, sagt Rolf. »Auch nach 40 Jahren bin ich hier als Yowo der Fremde, der Goldesel, und oft genug auch einfach der Idiot! Trotzdem habe ich versucht zu helfen, gegen die Erosion und falsche Bewirtschaftung des Landes habe ich 30 Jahre lang angekämpft. Meine

Farm im Norden ist ein Vorzeigebetrieb, der allerdings niemanden mehr interessiert. Nein, ich bleibe trotz allem hier, und zwar wegen der Togoer. In ganz Afrika bin ich rumgekommen, aber der Menschenschlag in Togo gefällt mir am besten.«

»Da haben wir etwas gemeinsam!«, sage ich und erhebe mich. »Allerdings muss ich hier noch Spuren meiner Vergangenheit finden. Entschuldigen Sie deshalb, wenn ich Sie jetzt alleine lasse!«

»Ich weiß, ich weiß, wenn hier mal ein Deutscher reinschneit, kann ich nicht aufhören zu quatschen. Tut mir leid. Aber ich habe trotzdem einen Tipp für dich. Fahr nach Missahoé!«

»Man hat mir gesagt, dass dort niemand mehr lebt!«

»Unsinn. Dort lebt der Nachfahre eines Deutschen, und kaum einer kennt die Deutschen in Togo besser als er. Frag ihn nach deiner Amelé! Und wenn du nach Kara kommst, vergiss nicht, einen Abstecher nach Sarakawa zu machen. Legendärer Ort und bezeichnend für den Zustand dieses Landes. Dort ist der Präsident Gnassingbé Eyadéma mit seiner DC-3 abgestürzt. Wir vermuten, die Maschine war überladen mit Champagnerflaschen. In Sarakawa bewahren sie die Überreste seiner Maschine in einem Museum auf.«[VII]

»Werde ich mir vielleicht ansehen, aber jetzt muss ich los.«

»Ich quatsche zu viel, natürlich! Und natürlich langweile ich dich.«

»Nein, so war das nicht gemeint! Aber ich habe eine Frage an Sie: Wenn Sie mit Ihrer Erfahrung heute nochmals so jung wären wie ich, würden Sie sich dann wieder dafür entscheiden, in Togo zu leben?«

»Weißt du, Mädchen, ich habe viele Jahre sehr viel Geld verdient, hab für Entwicklungsbanken und Institute in Afrika gearbeitet und brauchte zum Leben eigentlich so gut wie nichts. Aber das Geld und die Sicherheit und das europäische Leben, all das interessierte mich überhaupt nicht. Ich möchte unter den Menschen hier sein, auch wenn ich mich mit ihren Sprachen schwertue. Diese Erfahrung würde ich niemals missen wollen.«

»Also ja?«

»Ja! Jederzeit wieder!«

»Danke! Ich wünsche Ihnen gute Genesung und noch viele glückliche Jahre im Kreise Ihrer netten Familie. Manchmal ist es ja von Vorteil, wenn man Frau und Kinder nicht versteht. Da gibt's wenigstens keinen Streit!«

»Mag sein. Ich wünsch dir Erfolg. Geh nach Missahoé!«

»Mach ich!«

»Martin! Martina!«, ruft Rolf dann nach seinen Kindern. Sohn und Tochter, inzwischen super-aufgebrezelt, kommen aus ihren Zimmern und begleiten mich zum Tor. Auch sie wollen los. In Kuma Tsame Totsi, höre ich, einem Dorf ein paar Kilometer außerhalb Kpalimés, steigt eine gigantische Party: Das Fest der heiligen Flughunde. Die beiden Geschniegelten flüstern miteinander. Das bräuchten sie gar nicht, denn ich höre, dass sie Ewe sprechen. Schließlich wendet sich der Sohn, der ein teures Markenhemd über einer sicher ebenso teuren, durchlöcherten Jeans trägt, an mich: »Voulez-vous venir avec nous?«

Ob ich mitkommen wolle. Ich zögere. Macht Kathi sich vielleicht Sorgen? Doch Kathi wird inmitten der Boys und Girls am Swimmingpool ausgelassen flirten.

»Pourquoi pas?[11]«

Wir stehen bereits am Eingangstor, doch die beiden flüstern wieder aufgeregt. Kurz entschlossen nimmt Martina mich bei der Hand und zieht mich zurück in ihr Zimmer. Ohne mich nach meiner Meinung zu fragen, sucht sie ein Kleid aus ihrer gigantischen Garderobe, die den halben Raum einnimmt. Ein so enges Kleid hätte ich niemals angezogen. Doch jetzt besteht Rolfs Tochter darauf. Sie betrachtet mich mit unverhohlener Neugier und einem Anflug von Belustigung, während ich mich umkleide. Als ich mich in das Kleid gezwängt und im Spiegel gesehen habe, lehne ich entschieden ab, so auf die Straße zu gehen. Statt einzulenken, holt Martina nun eine Art gepolsterte Unterhose hervor. Ich staune: Die meisten Mädchen, die ich kenne, machen sich Sorgen, dass ihr Hintern zu dick ist. Hier kann er offenbar nicht dick genug sein. Ich lehne ab, die Unterhose auch nur anzuprobieren.

Ohnehin fühle ich mich wie im Karneval, als Rolfs Kinder mich im Wagen ihres Vaters durch Kpalimé chauffieren, durch eine Stadt, in der es keine Taxis gibt. Dann sind wir schon auf der schlaglochübersäten Straße in die Berge. Der Wagen surrt seltsam leise durch die tropische Landschaft, über das wuchernde Grün, das den Asphalt an vielen Stellen durchbricht. An jeder Steigung überholen wir all die schwach motorisierten Fahrzeuge, überholen die Rostlauben, die schwarze Wolken hinter sich herziehen, die gigantischen Trucks, die nur im Schneckentempo aufwärts kriechen. Derweil klären die beiden mich auf Französisch auf: Sie stammen von

---

11 »Warum nicht?«

Rolfs erster Frau ab, die sich von ihm trennte, als ihr klar wurde, dass Rolf nicht vorhatte, sie nach Europa mitzunehmen. Auch das Landleben auf Rolfs Musterfarm war nicht ihr Ding. Und so kamen – wie in Togo üblich – die Kinder zum Vater, und die Mutter suchte sich einen neuen Mann. Rolf fand schließlich eine Togoerin, seine zweite Frau, die ich ja eben kennengelernt hätte. Auch sie würde gerne nach Europa umsiedeln. Am liebsten in ein französischsprachiges Land, um keine neue Sprache lernen zu müssen. Martina und Martin waren lange auf belgischen Schulen und pendeln regelmäßig zwischen Europa und Togo. Dann berichten sie, während Martin bei einem Überholmanöver den Gegenverkehr ausbremst, was es mit dem Fest der heiligen Flughunde auf sich hat.

Kuma Tsame Totsi

»Flughunde sind in Togo eigentlich eine Delikatesse. Ihr Fleisch schmeckt wie eine Mischung aus Perlhuhn und Hühnerfleisch. Musst du unbedingt probieren. Doch hier darfst du sie keinesfalls anrühren«, erklärt Martina. Im Dorf Kuma Tsame Totsi stünden Flughunde unter dem Schutz der Bewohner. Das habe historica Gründe: Ende des 19. Jahrhunderts seien Truppen aus Ghana auf das Dorf vorgerückt. Die Dorfbewohner seien in die Berge geflohen, folgten dabei den Flughunden, die sie in eine Felsenschlucht führten. Als die Verfolger sich der Schlucht näherten, seien Tausende Flughunde aufgestiegen und hätten den Himmel verdunkelt. Die Ghanaer wähnten sich von Geistern bedroht und gaben auf; die Dorfbewohner waren gerettet. Seither essen sie, ganz im Gegensatz zu den Bewohnern aller Nachbardörfer, keine Flughunde mehr. Und das, obwohl die Flughunde den Wald um das Dorf zunehmend kahlfressen.

Ich bestaune Martina; diese nach der neusten Mode gekleidete und stark geschminkte junge Frau mit ihren Haarverlängerungen und ihrer hellen Haut dürfte in Europa sofort einen Vertrag als Model bekommen. Hier aber erzählt sie mir alte afrikanische Überlieferungen.

Eine witzige Mischung. Kurz darauf rollen wir am Rande von Kuma Tsame Totsi in den Wald hinein. Tatsächlich haben die Bäume hier kein Laub mehr. Stattdessen hängen an den Ästen und Zweigen unzählige kleine schwarze Säcke, so als litten die Bäume an Geschwüren. Es habe sich unter den Flughunden herumgesprochen, dass sie in der Umgebung des Dorfes sicher seien, behauptet Martina, während sie aussteigt, ihren Minirock zurechtzupft und mich an der Hand aus dem Wagen zieht. Dann schlägt sie mit einem demonstrativen Knall die Wagentür zu. Ich zucke zusammen, denn in den Baumwipfeln setzt ein schrilles Geschrei ein, und eine Wolke von Flughunden steigt auf, deren Schatten tatsächlich die Erde verdunkelt. Erstaunlich, wie die Tiere, die eine beachtliche Spannweite haben, nun in Scharen wieder in die Wipfel zurückkehren.

Doch Martina und Martin sind nicht hier, um zoologische Experimente vorzuführen. Hier geht es um eine Party. Und aus dem Dorf dringen uns bereits heiße Trommelrhythmen und lauter Gesang entgegen. Die Geschwister wissen, wohin sie wollen. Im Vorhof einer Hütte haben sich weitere Jugendliche versammelt, darunter eine ganze Reihe Weißer. Sie sitzen im Kreis um ein paar junge Afrikanerinnen, die ähnlich aufreizend gekleidet sind wie Martina und afrikanische Tänze vorführen, bei denen sie komplizierte Schritte und Sprünge vollführen, dann wieder in die Knie gehen und ihre Hintern kreisen lassen. Martina ist gleich mittendrin und will mich mit sich ziehen.

»Tanz mit uns!«

Kurz überlege ich, ob die nächtlichen Tänze meiner Kindheit mir noch in den Beinen stecken, ich nur in die

Mitte springen und lostanzen müsste, um wieder Teil der Choreographie zu sein. Lieber geselle ich mich aber vorläufig zu einer blassen jungen Weißen, die ungefähr in meinem Alter sein dürfte. Von ihr erfahre ich, dass sie und die anderen weißen Jugendlichen französische Freiwillige sind, die für ein paar Monate in einem Kinderheim helfen. Sie kennen offenbar solche Feste, denn sie alle ziehen wie auf Kommando Bierflaschen hervor. Die Einheimischen steuern einen billigen Gin bei, in dem undefinierbare Kräuter schwimmen, die ihn dunkelbraun färben. Furchtlos trinkt auch die blasse Französin von dem Gebräu, verzieht angewidert das Gesicht:

»Des herbes psychédéliques! Dégoûtant!«[12]

Dann nimmt sie noch einen großen Schluck und gibt an mich weiter.

»Pas de problème. C'est tout bio!«[13], erklärt sie.

Einige Joints werden herumgereicht, die Stimmung steigt. Ich lehne die angebotene Zigarette, an der die blasse Französin eifrig gezogen hat, dankend ab. Seit der Zeit mit meinem Kiffer-Exfreund Robert habe ich einen Widerwillen gegen das Kraut und seinen aufdringlichen Gestank. Da nun auch die blasse Französin und alle anderen aufspringen und sich singend und tanzend in eine Polonäse einreihen, nehme ich schnell noch einen tiefen Schluck vom Gin. Bevor mir der Mageninhalt hochkommt – das Zeug verbrennt die Speiseröhre und bringt augenblicklich meine Innereien in Aufruhr –, gieße ich noch einen Schluck Wasser hinterher. Martina kreischt und reicht mir das Bier, das sie sich geöffnet hat. Ich kippe schnell Bier auf den Brand. Ich hasse den Geschmack

12 »Psychedelische Kräuter! Probiere!«
13 »Kein Problem, das ist alles bio!«

von Bier, aber nach dem Gin ist er geradezu mild. Vor meinen Augen beginnt sich alles zu drehen. Die blasse Französin, von der ich bis vor einer viertel Stunde hätte schwören können, dass sie noch nie in die Nähe illegaler Drogen gekommen ist, steckt mir jetzt den immer noch kreisenden Joint in den Mund. Ich versuche, nicht einzuatmen, doch der Qualm steigt mir in die Nase. Ich taumele, halte mich schwankend an der Französin fest, die in der Polonäse vorausgeht. Unter massiven Trommelwirbeln und lautem Gesang, der eher an Fußballfans erinnert, wanken wir über den ausgewaschenen, längst nicht mehr befahrbaren Lehmpfad durch das Dorf. Immer wieder lösen sich Grüppchen und tanzen am Rande Soli, die mit lautem Applaus bedacht werden. Ich weiß nicht, ob meine Wahrnehmung getrübt ist, aber vor mir balanciert ein junger Dorfbewohner die Ginflasche auf dem Kopf, ohne dabei im Tanz innezuhalten. Eine akrobatische Leistung, wo ich selber genug damit zu tun habe, das Gleichgewicht zu halten. Hinter mir zerrt eine junge Frau an meinen Schultern, und die Französin vor mir schwankt derart, dass ich mit ihr das Gleichgewicht verliere. Strauchelnd passieren wir einen gefällten Palmenstamm, aus dem Blöcke herausgeschnitten wurden.

»Palmwein!«, kreischt die Französin. Hier werden die Palmen für den Wein nicht dort angezapft, wo sie stehen, sondern werden zunächst gefällt. Und schon ist eine stark geschminkte Frau, die mich und die anderen Jugendlichen um einen ganzen Kopf überragt, mit einer Kalebasse voll Palmwein bei mir. Mein Widerstand erlahmt, jetzt ist alles egal. Ich nehme einen großen Schluck. Angenehm, wie der Wein den immer noch ekligen Geschmack von Gin, bitteren Kräutern und Bier in meinem Mund vertreibt. Ich klammere mich wieder an die Französin vor mir, die nur noch kichert. Die Dorfbewohnerin hinter mir führt mich wie eine Marionette, leitet mich entschieden an, die richtigen Schritte zu machen: drei vor, zwei zur Seite, einen zurück. Ich kann mich nicht konzentrieren, auf nichts mehr, vor meinen Augen verschwimmen die Konturen der anderen, und ich weiß nicht, ob das immer lauter anschwellende Trommeln und das Geschrei nur in meinem Kopf oder tatsächlich hier am Rande des Dorfes stattfindet. Jemand reicht mir einen Plastikbeutel, der mit Wasser gefüllt ist. Die Frau hinter mir beißt eine Ecke ab und führt mir den so geöffneten Beutel an den Mund. Ich sauge gierig das Wasser ein, torkele weiter. Sie hält mich jetzt mit hartem Griff an sich gepresst, fängt mich auf, wenn ich auf dem ausgewaschenen Boden immer wieder stolpere. Sie hält mir etwas Duftendes unter die Nase, gegrillte Spieße, die fettig in einem Stück Zeitungspapier liegen. Ich beiße rein. Sie schmecken wunderbar, deftiger als Huhn, zarter als Perlhuhn, aber nein, es kann kein Fleisch von Flughunden sein, denke ich, denn die sind hier ja heilig. Von allen Seiten werden wir auf dem Festplatz beschallt, die Trommeln dröhnen, der Gesang ein tiefer, geheimnisvoller Chor, ich habe die Französin verloren, klammere mich an einem Fremden fest, einem ganz in Weiß gekleideten Mann mit einer Mütze auf dem Kopf, wie Muslime sie tragen, aber an seiner Brust schwingt ein großes Kreuz, und er singt aus vollem Halse, mir wird immer schwindeliger und ich erkenne, woran das liegt, die Polonäse läuft im Kreis, elliptisch, kreist sich immer enger ein, und ich werde mehr und mehr in die Mitte gedrängt, weg von den großen Lautsprecherboxen, aus denen nun leidenschaftlich vorgetragene Reden in einer mir fremden Sprache quellen, unterbrochen vom schrillen Fiepen der Übersteuerung, ich kann mich kaum auf den Beinen halten, die Frau hinter mir schlingt beide Arme um mich, schleift mich mehr als dass sie mich führt, und mit einem Mal bricht aus hundert Kehlen Geschrei los, die Flughunde schreien mit den Menschen, flattern aus den kahlen Ästen, die in der einbrechenden Dämmerung aussehen wie Gewächse aus der Unterwelt, sie verdunkeln die Sonne, ich sehe sie plötzlich ganz nah vor meinen Augen vorbeischießen, ein Flügel touchiert mich, ich will den Kopf einziehen, mich in Sicherheit bringen, doch der unnachgiebige Griff der Frau hinter mir zwingt mich, den Tieren in ihre glänzenden Augen zu schauen, ihre langen Schnauzen, die spitzen Zähne, wenn sie ihre Schreie ausstoßen, und die großen, weit gefächerten Schwingen, durchscheinend wie Pergamentpapier, anzuschauen, ich rutsche der Frau durch die Arme, falle zu Boden, liege und die Polonäse dreht sich weiter um mich herum, ich verberge den Kopf zwischen den Armen, bis der Lärm der Trommeln und Stimmen, das Geschrei der Flughunde sich langsam entfernen und mich in einer fiebrigen Betäubung zurücklassen. Ich spüre das kalte Tuch der Nacht, höre das Surren der Mücken. Anopheles, denke ich, die Mücke, die die Malaria bringt, ich müsste unter einem Moskitonetz Schutz suchen, doch mein einziger Schutz sind der sternenbesäte Himmel und die feuchte Kühle der Nacht. Ich schließe die Augen, lasse mich davontragen in diesem Zustand des Halb-Wachens, Halb-Schlafens.

Der Schlaf muss mich schließlich doch ganz zu sich genommen haben, denn ich kehre von sehr weit zurück, und es dauert lange, bis ich realisiere, dass jemand an mir rüttelt und mich zu wecken versucht. Die Stimme ist hell und vertraut, eine Jungenstimme. Ich schlage die Augen auf und sehe Claude direkt in die Augen. Er hat sich über mich gebeugt und ruft mich immer wieder beim Namen.

»Lass mich schlafen!« Ich drehe mich zur Seite.

»Hier kannst du nicht liegenbleiben! Ich bring dich ins Hotel.«

»Besser nicht. Ich kann nicht aufstehen. Jedenfalls jetzt noch nicht!« Ich spüre, dass der Rausch mich noch ganz in seinen Klauen hält. »Und überhaupt: Wie hast du mich gefunden?« Vorsichtig setze ich mich auf und hoffe, dass mir nicht gleich wieder übel wird.

»Ich wollte dich bei Rolf abholen. Seine Tochter hat mir gesagt, dass du noch hier bist. Ich hab versucht, dich auf dem Handy zu erreichen, aber du hast ja nicht abgenommen. Das Klingeln deines Handys hat mir schließlich geholfen, dich hier zu finden.«

Ich schaue auf das Display. Zahlreiche verpasste Anrufe. Mama, Kathi und schließlich mindestens fünf Anrufe von Claude. Behutsam stützt er mich, bis ich auf wackligen Beinen einigermaßen stehen kann. Erst jetzt bemerke ich, dass ich mich im Schlaf übergeben habe. Fast habe ich mit den geliehenen Klamotten im Erbrochenen gelegen. Wie peinlich! Doch Claude führt mich unbeeindruckt Schritt für Schritt an den Rand des Festplatzes, der längst menschenleer ist. Er hilft mir auf sein Moped.

»Meinst du, wir können fahren?«

»Versuchen wir's!«

Ich lege den Kopf auf seinen Rücken und schließe die Augen. Es fühlt sich gut an, angenehm vertraut. Claude fährt mir zuliebe sehr langsam und umsichtig, vermeidet allzu ruckartige Lenkbewegungen. Er fährt gut, genial, fährt wie auf weichem Sand, ohne sich festzufahren. Es ist eher Schweben als Fahren, und auch der Motor surrt nur von weitem. So schweben wir vor den Eingang des Hotels. Claude hilft mir vom Moped zu steigen, zieht mich durch das Eingangstor. Der Wächter, der hier ausgestreckt schläft, hebt nur kurz den Kopf. Claude ruft ihm ein paar Worte auf Ewe zu, dann schläft der Wächter weiter. Ich winke Claude zum Abschied und schleiche zu unserem Zimmer. Hoffentlich hat Kathi die Tür nicht von innen abgeschlossen. Leise drücke ich die Klinke. Die Tür gibt nach. In dem fernen Licht des aufsteigenden Morgens sehe ich das Bett, höre Kathis schweren Atem. Atmet da noch jemand? Ich schleiche ans Bett. Da liegen sie. Alle vier Mädchen, alle vier schlafen tief. Hier gibt es keinen Zentimeter mehr, auf den ich mich hätte legen können. Einen Moment bin ich unschlüssig. Dann wende ich mich leise um, verlasse das Zimmer, schließe hinter mir die Tür und gehe an den Swimmingpool, der im Morgenlicht vielfarbig schimmert. Ich ziehe kurzentschlossen Martinas unpassend modisches Kleid aus und springe hinein. Es ist wie ein Schlag ins Gesicht, der mich augenblicklich wach macht. Der Kopf jetzt ganz klar. Das Wasser ist erstaunlich kalt dafür, dass es den ganzen Vortag lang von einer knapp vierzig Grad heißen Sonne erwärmt worden ist. Ich beginne, Bahnen zu schwimmen. Meine Muskeln lösen sich langsam, der Schmerz in den Knochen legt sich mit jedem Schwimmzug. Den

Kopf unter Wasser, gleite ich dahin, nur gelegentlich wende ich ihn, um Luft zu holen. So bemerke ich erst mit einiger Verzögerung, dass eine weitere Person ins Wasser gesprungen ist. Erschrocken tauche ich auf, schaue mich um. Niemand zu sehen. Ich warte. Und da taucht, nur zwei Meter vor mir, ein Kopf auf: Claude.

»Bist du wieder nüchtern?«

»Halbwegs! Was machst du hier im Wasser?«

»Das könnte ich genauso gut dich fragen!«

»Ich bin Gast im Geyser, und du?«

»Du wolltest doch nach Missahoé, hast du gesagt!«

»Aber nicht mitten in der Nacht!«

»Es ist früher Morgen, die beste Zeit, um dort hoch zu fahren. Der Blick von Missahoé am Morgen ist ein unvergessliches Erlebnis!«

»Du klingst wie ein Touristenführer!«

»Wir Motorradtaxis sind alle im Nebenberuf Guides!«

Claude steigt aus dem Wasser. Ich sehe, dass er mit der Unterhose ins Becken gesprungen ist. Die zieht er jetzt aus, um sie auszuwringen.

»Hey, dreh dich um!« Jetzt hat er gesehen, dass ich ihn beobachte, und steigt hastig in seine nasse Unterhose. Er wagt nicht, auch nur einen Blick auf mich zu riskieren. Belustigt steige ich aus dem Wasser, nehme die von Martina geliehenen Klamotten und reiche sie ihm.

»Kannst du die Rolfs Tochter bringen?«

»Die Klamotten hole ich später. Zieh dir was an und lass uns jetzt losfahren!«

»Dann mal los!«, sage ich, nachdem ich mich zurück in unser Zimmer geschlichen und meine eigenen Kleider übergezogen habe. Mein Kreislauf spielt verrückt, aber nach dem Bad bin ich voller Tatendrang.

Missahoé

Die Serpentinen auf dem Weg hoch Richtung Missahoé liegen in dichtem Morgennebel. Claude fährt langsam.

»Du kannst normal fahren. Ich bin wieder klar im Kopf«, rufe ich ihm ins Ohr. Aber Claude fährt nicht mir zuliebe langsam, diesmal nicht. Er genießt den hier immer dichter werdenden Regenwald. Ich hingegen merke erst jetzt, dass ich wahnsinnig Durst habe. Vor meinem inneren Auge erscheint der Wasserbeutel von gestern Nacht. Jetzt würde ich ihn selbst gierig aufbeißen und leersaugen. Gegen alle Warnungen, denn das in Plastiktüten abgefüllte Wasser ist oft verkeimt. Hier aber, auf der Fahrt steil bergauf durch den Regenwald, gibt es keine Wasserbeutel. Als könne er meine Gedanken lesen, hält Claude an und stellt das Moped ab. Er nimmt ganz selbstverständlich meine Hand und zieht mich hinter sich her auf einen Pfad in den üppig wuchernden Wald. Mir bleibt keine Zeit, darüber nachzudenken, warum Claude mich an der Hand führt. Urwaldriesen erheben sich mächtig über uns. Darunter Büsche, deren seltsame Blätter ich aus Deutschland nur als Topfpflanzen kenne. Die Luftfeuchtigkeit muss an die hundert Prozent betragen, der Schweiß läuft bei jeder Bewegung, obwohl der Morgen noch kühl ist. Ich habe das Gefühl, die Luft zu trinken. Claude zeigt mir eine Ananaspflanzung mitten im Wald. Ich will mich gleich darüber hermachen, aber er hält mich zurück:

»Das ist eine kleine Plantage!«

»Und wie verhindern die Bauern, dass ich mich bei den Ananas bediene?« Meine Zunge fühlt sich an wie eine verdorrte Frucht, aber Claude weist mich auf die roten Bänder hin, die ringsherum um die Bäume gebunden sind.

»Fetische, mit Zauber belegt! Wer sich an den Ananas vergreift, wird das schwer bereuen!«

Mit einem Seitenblick auf ihn versuche ich zu ergründen, ob er wirklich daran glaubt. Aber er geht weiter, als wäre solche Magie völlig selbstverständlich. Statt weiterer Erklärungen zeigt er mir die Kakaoschote, die direkt am Stamm des Kakaobaums wächst, pflückt sie, schlägt sie auf und lässt mich die weißen Bohnen darin probieren. Das Fruchtfleisch schmeckt wie eine Litschi mit einem Hauch Minze, sehr erfrischend; ein traditioneller Lutschbonbon, wie Claude erklärt. Ich nehme gleich eine Hand voll von den Bohnen und lutsche sie gierig. Sie helfen gegen den Durst, während Claude mich schon weiterzieht. Er kennt jeden Stein und jedes Blatt. Unentwegt zeigt er mir Neues, weist mich auf riesige Blätter hin, die sich wie Plastik anfühlen, zeigt mir einen Mangobaum, dessen Rinde gut gegen Bauchweh helfen soll. Ein anderer Baum ist von Parasiten befallen, die sich wie ein großes Geschwür von der Rinde abheben.

»Daraus machen wir Masken!«

Claude warnt vor giftigen Tausendfüßlern und termitenähnlichen Krabbeltieren, die ihre Nester unter dem dichten Blattwerk verbergen. Neben wildem Pfeffer und

Kakaofruchtfleisch koste ich auch Kolanüsse – doch nicht zu viel, warnt Claude, denn das Koffein der Pflanze hat eine sehr belebende Wirkung.

»Ganz im Gegensatz zu dieser Wurzel.« Claude zieht ein Geflecht aus dem Boden. Gemahlen und aufgekocht, macht es der Brei seiner Meinung nach möglich, eine Woche lang durchzuschlafen. Dann presst er aus einem Zweig eine wässrige Milch, schreibt mir damit etwas auf den Arm, was ich nicht erkennen kann, denn die Milch ist auf meiner Haut unsichtbar.

»Wenn wir wieder Wasser haben, kannst du es abwaschen!« Ich versuche, meine beschriebene Haut zu spüren. Die Härchen stellen sich auf. Zu gerne wüsste ich, was er da geschrieben hat. Aber sein Lächeln verrät nichts. Stattdessen schreitet er schon wieder voran.

Wir erreichen eine runde Einfriedung, umwachsen von dichten Büschen. Zwischen den Zweigen sehe ich den Boden mit weißem Pulver bestreut. In der Mitte sind ein paar blutbefleckte Steine aufgetürmt. Das will ich mir näher ansehen, aber Claude zieht mich eilig weiter:

»Das ist nur für Eingeweihte! Eine Opferstätte für die Geister des Waldes!«

Der Knall eines Schusses hindert mich daran, nach seiner Meinung zu solchen Geistern zu fragen. Der Himmel über uns färbt sich schwarz von einem gewaltigen Schwarm Flughunde. Ein atemberaubender Anblick. Doch Claude macht er wütend. Die Vertrautheit, das Lächeln sind wie weggeblasen. Jetzt lässt er meine Hand los, um mit beiden Händen zu gestikulieren. Die Korruption in den zuständigen Behörden ermögliche es Wilderern, in ein paar unbeaufsichtigten Stunden Jagd auf alles zu machen, was sich im Wald bewegt, erklärt er. Ein weiteres

Problem sei der illegale Holzeinschlag. Er zeigt auf den gegenüberliegenden Hügel. Der ehemals vollständig mit Bäumen bewachsene Bergrücken liegt kahl vor uns. Nur die verrottenden Stümpfe zeugen noch davon, wie dicht der Wald hier einmal gewesen ist. Der Kampf ums Überleben zwinge die Menschen in den Dörfern dazu, den Wald für Feuerholz und Baumaterial abzuholzen und dazu immer größere Flächen zu roden, um die wachsende Zahl der Dorfbewohner zu ernähren. Für den Schutz der Bäume bleibe da weder Zeit noch Geld.

»Helfen dagegen nicht die Geister des Waldes?«, frage ich.

»Die Geister sind selbst bedroht von dieser Entwicklung. Sie werden sich an uns rächen!«

Er zeigt mir eine fast leere Plastikflasche mit Pflanzenschutzmittel des Pharmakonzerns Monsanto, die jemand achtlos weggeworfen hat. Das Glyphosat töte nahezu alles, was grün ist, erklärt er kopfschüttelnd. Auf dem Weg finden wir weitere Flaschen. Claude sammelt sie ein und stopft sie in einen herumliegenden Plastiksack. Bald schleppt er jede Menge leere Flaschen mit sich. Richtig entsorgen wird er sie nicht können. Er erklärt, Müll werde von den meisten Togoern einfach verbrannt, da sie sich die umgerechnet zwei Euro monatlich für die gelegentlich arbeitende Müllabfuhr nicht leisten könnten. Und die Müllabfuhr selbst werfe den Müll am Ende auf einen großen Haufen außerhalb der Stadt und verbrenne ihn dort. So deponiert Claude den Müllsack am Straßenrand.

»Ich habe immer noch wahnsinnigen Durst!« Das ist mir ein wenig peinlich, weil Claude natürlich weiß, dass dies die Rache für den Rausch am vergangenen Abend ist.

Er aber hat damit kein Problem. Aus seiner Tasche holt er ein Messer und schneidet an einem breit gefächerten Baum ein Stück aus dem Blattgrund heraus. Tatsächlich fließt uns Wasser entgegen. Ich sauge es auf. Es schmeckt etwas abgestanden, erfrischt aber trotzdem.

»Man nennt ihn ‚Baum der Reisenden‘, angeblich wächst er nur in Madagaskar. Aber wie du siehst, gibt es ihn auch in Togo«, erklärt Claude und schneidet ein weiteres Blatt an. Ich schöpfe das ausfließende Wasser in der hohlen Hand und als ich den gröbsten Durst gelöscht habe, schöpft auch Claude etwas Wasser. Er trinkt es aber nicht, sondern träufelt es mir auf den Arm. Zu meiner großen Überraschung erscheinen in heller Farbe die Worte:

›Juli, la plus belle fille!‹[14]

Ich suche in Claudes Miene zu ergründen, ob das ein leerer Spruch ist, den er schon hundert anderen Touristinnen auf den Arm gemalt hat, oder ob er wirklich mir gilt. Denn ich fühle mich wie Eva im biblischen Paradies. Gemeinsam mit Adam, der heute Claude heißt, erkunden wir Gottes unübertreffliches Werk. Ich kann mich nicht sattsehen an diesem Urwald und möchte nun selbst nach Claudes Hand greifen, doch er geht schon unbeirrt voran, ich stolpere ihm hinterher, und kurz darauf besteigen wir wieder das Moto, um die tief zerfurchte Bergstraße in engen Serpentinen weiter hinaufzufahren.

Ein kleines, verwittertes Schild am Straßenrand weist auf einen deutschen Friedhof hin. Claude stellt den Motor ab und lässt das Moped rollen. Unter den Reifen knirscht es.

---

14 *Französisch: ›Juli, das schönste Mädchen!‹*

Ich schlinge die Arme um Claude und drücke mich fest an seinen Rücken, denn nun holpern wir in halsbrecherischen Manövern den steil abschüssigen Pfad durch den tropischen Wald hinab. Blattwerk schlägt mir gegen die Arme, Dornen zerkratzen die Knie. Sollten wir stürzen und uns den Hals brechen, so will ich dies gemeinsam mit Claude tun. Doch dann gleiten wir plötzlich in eine breite Allee von schnurgerade aufgereihten Mangobäumen.

»Deutsche Landschaftspflege!«, bemerkt Claude, ohne dass ich verstehe, was er damit meint. Die Allee führt geradewegs zu einem mächtigen, massiv gemauerten Haus mitten im Wald.

»Misa-Höhe!«, verkündet Claude und klappt den Ständer des Motos aus. Wir sind da.

Ich staune. Hundertdreißig Jahre hat das mächtige, zweistöckige Gebäude auf dem Buckel. Seit über hundert Jahren wird es nicht mehr offiziell genutzt, erklärt Claude. Und doch steht es nahezu unversehrt vor uns, an den Berg geschmiegt, den die Deutschen großflächig zu einer Terrasse eingeebnet haben. Im Untergeschoss bilden weiße Pfeiler schlichte Arkaden, darüber erhebt sich das zweite Stockwerk mit großen Fenstern im Kolonialstil, gedeckt von einem weit ausgreifenden Dach. In der Backsteinmauer des Treppenhauses sind Luftlöcher gelassen worden. Alles wirkt so, als wolle die deutsche Kolonialverwaltung morgen wieder einziehen. Bunte Tücher und Wäsche liegen zum Trocknen auf der Veranda.

»Hier wohnen also noch Leute?«

»Wie ich dir gesagt habe!«

Claude geht wie selbstverständlich voran, und wir betreten das Untergeschoss. Die Räume sind leer, aber auch innen erstaunlich gut erhalten.

»‚Deutsch Wertarbeit‘, oder wie ihr sagt!«

Tatsächlich sind zwar die Armaturen längst entfernt, aber die Kacheln der Dusche sind immer noch da. Sogar das hundertdreißig Jahre alte Sitzklo steht noch, wenn auch ohne Klobrille.

»Die kilometerlange Wasserleitung, die die Deutschen zur Versorgung dieser Station gebaut haben, wird heute noch benutzt«, erklärt Claude.

»Dann waren meine Landsleute ja mal richtig nützlich!«

»Du musst nicht allzu stolz auf deine Vorfahren sein. Nicht sie haben das alles hier gebaut, sondern meine Vorfahren. Die deutschen Kolonialherren haben nämlich Steuern von den Einheimischen erhoben. Und die hatten natürlich kein Geld. Wozu brauchten sie Geld, wenn sie Yams und Maniok anbauten und von den Früchten und Tieren des Waldes lebten? Sie konnten also nicht zahlen und mussten deshalb ihre Steuerlast in Arbeitsstunden ableisten. Die gewaltigen Bauten hier auf der Misa-Höhe und die kilometerlange Wasserleitung haben die Deutschen nicht selbst gebaut, sondern sie haben den Bau lediglich angeleitet.«

Ich überlege, ob diese Beurteilung auch mir gilt. Hält Claude auch mich für ausbeuterisch, nur weil ich eine Deutsche und immer noch privilegiert bin? Oder sieht wenigstens er mein afrikanisches Herz?

Claude steigt nun die unversehrte Treppe des deutschen Kolonialbaus hinauf, während mein Blick an den zahllosen Graffitis und Sinnsprüchen, Treueschwüren und Liebeserklärungen, Beschimpfungen und Lobeshymnen hängen bleibt, die schon im Untergeschoss und auch auf dem Weg nach oben an den Wänden prangen.

Als wäre das Haus ein dicht beschriebenes Buch, in dem jeder Besucher ein kleines Kapitel hinterlassen hat.

»Tut mir leid, aber auch Togoer beschmieren gerne historische Wände, selbst wenn sie von euch Deutschen stammen.«

»Ich würde gerne auch etwas schreiben. So wie du vorhin auf meinen Arm!«

»Lass uns zuerst nach ‚dem Deutschen‘ sehen!«

»Was für einem Deutschen?«

»Kein richtiger, nur ein halber oder viertel oder noch weniger!«

»Das kapier ich nicht.«

Dann verschlägt es mir die Sprache. Oben von der Veranda aus bietet sich ein atemberaubender Blick ins Tal und über die angrenzenden Berge. Eine Aussicht über den majestätischen Regenwald bis zum Mont Agou, Togos höchstem Berg.

»Wie im Paradies!«, sage ich, mehr zu mir selbst.

»Paradies!«, ertönt es hinter meinem Rücken. Ich fahre herum und stehe einem sehr dünnen, in einen verwaschenen alten Anzug gekleideten Afrikaner gegenüber.

»Die Deutschen verfielen diesem Ort sofort. Sie nannten den Mont Agou ‚Baumann‘. Von diesem Berg machten sie damals viele Postkarten. Gewaltige Anstrengungen unternahmen sie, und gewaltige Geldmengen bewegten sie, um hier oben solch einen Prachtbau zu errichten. Vor allem einem hat dieser Ausblick den Verstand geraubt: dem kaiserlichen Kommissar für Togoland, Jesko von Puttkamer, meinem Ur-Ur-Urgroßvater!«

»Deshalb können Sie so gut Deutsch!« Ich bewundere seine gewundene Ausdrucksweise.

»Jesko von Puttkamer war der Sohn des preußischen Innenministers. Deutsch war für ihn die perfekteste Sprache der Welt, die alle Völker lernen sollten. Als er hierher kam, vernebelte Liebeskummer sein Gehirn. Während er über die Weite dieser paradiesischen Landschaft blickte, die damals noch paradiesischer war, von Urwaldriesen übersät, dachte er nur an die Frau, mit der er diesen Blick allzu gerne geteilt hätte: die angebetete, allerdings schon verheiratete Wienerin Mária Esterházy de Galántha, genannt Misa.«

»Ihre Ur-Ur-Urgroßmutter, vermute ich?«

»Nein! Eher war er ihr kleines Spielzeug. Dass diese von allen angebetete Frau, die über vortreffliche Beziehungen zu den Größen ihrer Zeit verfügte[VIII], einen verbohrten Militär nicht wollte, ist kaum verwunderlich. Doch der Gouverneur Jesko von Puttkamer konnte Mária Esterházy nicht vergessen und nannte diese Station nach ihr: Misa-Höhe.«

»Klingt romantisch! Ich bin übrigens auch hier, weil ich eine Frau nicht vergessen kann!«, versuche ich ihn auf mein Thema zu lenken.

»Der Unterschied ist: Puttkamer ließ inmitten dieses tropischen Paradieses einen Lustgarten nach deutschem Geschmack erschaffen. Das gesamte Grundstück wurde von togoischen Zwangsarbeitern terrassiert, Wege zum Flanieren führten von einer Ebene zur anderen, durch eine Pergola und um einen Pavillon herum.[IX]«

»Sie war also eine unerreichbare Angebetete!« Mein Blick sucht Claude, der nun aufblickt.

»L'amant inaccessible![15]«, flüstert er auf Französisch.

---

15 Die unerreichbare Geliebte!

Ich hätte gerne gewusst, was die Worte bedeuten, aber der Urenkel redet schon weiter:

»Mein Urgroßvater dachte nicht mit dem Gehirn.«

»Sondern?«

»Mit einem tiefer angesiedelten Körperteil!«

»Sie haben keine besonders gute Meinung von Ihrem Urgroßvater. Immerhin hat er mit diesem Anwesen große Leidenschaft bewiesen!«

»Nein, er war ein selbstherrlicher Sadist und Rassist. Wir waren für ihn Tiere, die man züchtigen und zur Arbeit zwingen musste.«

»Ihre Ur-Ur-Urgroßmutter dürfte das anders gesehen haben.«

»Keineswegs!«

»Hat er sie vergewaltigt?« Langsam werde ich unruhig. Was haben sich meine Vorfahren hier zu Schulden kommen lassen?

»Jesko von Puttkamer wurde unehrenhaft entlassen. Offiziell, weil er die Togoer und später die Kameruner unterjochte, misshandelte und beraubte. Das aber war natürlich nicht der wahre Grund für seine Entlassung, sonst hätte man ja alle Kolonialisten entlassen müssen.«

»Warum dann?«

»Er hat sich über Mária Esterházy de Galántha mit einer anderen Frau hinweggetröstet. Und diese Frau war meine Ur-Ur-Urgroßmutter.«

»Und wegen dieser Affäre haben sie ihn entlassen?«

Kurz überlege ich, was man im Kaiserreich über mich gedacht hätte, wenn meine wachsende Zuneigung zu Claude, mit dem ich wie Adam und Eva durch den Wald streifte, bekannt würde. Aber der Urenkel interessiert sich nur für die Vergangenheit:

»Alle Weißen hatten schwarze Gespielinnen, Puttkamer aber hatte seiner weißen, zudem verheirateten Geliebten, die er nach Afrika mitgenommen hatte, einen falschen Reisepass ausgestellt. Wahrscheinlich war seine Entlassung aber auch seine Rettung.«

»Wieso Rettung?«

»Die meisten Deutschen sind hiergeblieben.«

Ich sehe den dünnen Mann erstaunt an. Statt einer Antwort fordert er mich auf, ihm zu folgen. Auch Claude schließt sich uns an, und so laufen wir hinter dem Urenkel aus der Station heraus, stolpern ihm hinterher über einen fast zugewucherten Pfad durch den Wald, um plötzlich inmitten von verwitterten und verfallenden Grabsteinen zu stehen.

»Misa-Höhe war der ideale Ort für die deutschen Kolonialherren: Die Luft war klar, das Klima kühler als in der schwülen Küstenregion, man war umgeben von zauberhaftem Tropenwald, köstlichen Früchten und unterwürfigen Eingeborenen. Aber das Paradies forderte einen gewaltigen Tribut. Da liegen sie in hundertjähriger Einsamkeit, der Afrikaforscher Baumann und der Regierungsbaumeister Schmidt und all die anderen deutschen Pioniere. Keiner ist älter als 35 Jahre geworden. Heute besuchen nur noch die großen Schmetterlinge des Urwaldes ihre Gräber. In ihnen leben die Geister der vielen toten Deutschen fort, die an den Tropenkrankheiten wie die Fliegen gestorben sind.«

Wieder denke ich an Papa. Auch ihn suchten zuletzt immer gefährlichere Krankheiten heim. Claude reißt mich aus meinen Gedanken und nimmt mich wieder an der Hand. Tut er das gewohnheitsmäßig oder aus Vertrautheit? Jedenfalls zieht er mich näher zu den Grabsteinen.

Tote und Untote

Einige Grabsteine sind noch erhalten, auch die Einfassungen der Grabbeete. Ansonsten überdeckt den Friedhof der wuchernde Regenwald, erheben sich über den Gräbern Bananenstauden. Da steht der Grabstein des Regierungsbaumeisters Ernst Schmidt, 1871 in Guben geboren, auf der Misa-Höhe an der Amöbenruhr verstorben 1904. Ich trete an den Grabstein des »verdienstvollen *Togoforschers* E. Baumann«, dann an den des Stuttgarter Kaufmanns Otto Schneider: Allesamt wurden sie fern der Heimat keine 35 Jahre alt, dahingerafft von tropischen Fiebern, Infektionen, Viren und Bakterien, Parasiten, Vergiftungen oder schlicht Diarrhoe.

»Mein Urgroßvater Jesko ist diesem Schicksal entronnen. Aber auch er musste zahlen.«

»Inwiefern?«

Der dünne Urenkel wendet sich wieder dem Kolonialgebäude zu und steigt so leichtfüßig hinauf, dass ich Mühe habe, Schritt zu halten. Mehrfach strauchele ich und Claude fängt mich jedes Mal auf. Ich lächle ihm dankbar zu, und Claude legt den Arm um mich. Nur zur Sicherheit? Ich wage noch nicht, mich an ihn zu schmiegen. Derweil referiert der Urenkel, ohne außer Atem zu kommen:

»Jesko von Puttkamers rigider, selbstherrlicher Herrschaftsstil wurde zur sprichwörtlichen ›Puttkamerei‹. Ihm wurden willkürliche Enteignungen, Zwangsumsiedlungen und ein erhebliches Maß an Brutalität gegen uns Afrikaner vorgeworfen. Wegen einer Betrugsaffäre wurde er nach Berlin zurückbeordert, wo er seinem verkorksten Leben schließlich ein Ende machte.«[x]

»Trotzdem haben Sie so gut Deutsch gelernt!«

»Das ist die togoische Schizophrenie: Ihr stranguliert uns und haltet uns am Leben. Wir hassen und wir lieben euch.«

Inzwischen haben wir wieder das Stationsgebäude erreicht, von dem der Urenkel sagt, dass es ursprünglich mehrere Nebengebäude mit Büros, Lagerräumen, Unterkünften und einem Gefängnis umfasst habe.

»Eigentlich bin ich nicht wegen dieser toten Deutschen hier!«, bekenne ich, als der Urenkel sich anschickt, uns nach dieser Exkursion vor dem Gebäude stehen zu lassen.

»Weshalb dann? Alle Deutschen, die hier vorbeikommen, interessiert nur die Hinterlassenschaft ihrer Vorfahren!«

»Ich suche eine Togoerin, die für Deutsche gearbeitet hat. Genauer: für meine Eltern. Sie konnte ebenso gut Deutsch wie Sie. Und sie war mein Kindermädchen.«

»Wie heißt sie?«

»Amelé!«

»Das ist in Togo kein so seltener Name.«

Er reibt sich die Stirn, schüttelt den Kopf. Mich verlässt schon der Mut. Natürlich hätte ich mir denken können, dass hier mitten im togoischen Urwald kein Hinweis auf Amelé zu finden ist. Wie absurd, sich auf solchen Voodoo-

Zauber einzulassen! Aber der Urenkel scheint an meiner Frage nichts Abwegiges zu finden. Er winkt uns, ihm zu folgen, und schreitet langsam durch die Gänge der Station. Dabei streicht er mit den Fingerkuppen über die dicht bekritzelten Wände, flüstert Amelés Namen. Tatsächlich hält er bei einem aufgemalten Herz an. ›Amelé & Pierre‹, steht da. Darunter die Jahreszahl 2005.

»Nein, das kann sie nicht sein!«, erkläre ich. »Die Inschrift müsste dreizehn Jahre alt sein.« Der Urenkel nickt und streift weiter, steigt die Treppe hinauf. Seine Fingerkuppen scheinen die Wände lesen zu können, so als seien sie mit Blindenschrift bedruckt. Erneut hält er an. Da steht wahrhaftig ein Satz auf Deutsch:

›An dem Feuer, das dich verbrennt, hast du dich gerade noch gewärmt!‹

»Ein altes westafrikanisches Sprichwort!«, erklärt der Urenkel. Darunter finden wir, von weiteren Kritzeleien übermalt, tatsächlich den Namen ›Amelé‹. Ich berühre die Wand fast mit der Nase, denn hinter dem Vornamen steht noch etwas: Beleï.

»Ein nord-togoischer Nachname!«, erklärt Claude. Der Urenkel stimmt zu.

»Das ist immerhin etwas. Jedenfalls mehr, als ich erwarten konnte!« Ich setze schon an, mich zu bedanken und zu verabschieden, doch Claude tippt mir auf die Schulter und weist auf den Urenkel. Der scheint plötzlich wie in eine tiefe Meditation versunken.

»Die meisten, die hier auf die Wände schreiben, wähnen sich unbeobachtet«, sagt er wie in Trance. »Aber ich habe gute Ohren, die genau hören, wenn es irgendwo am alten Gemäuer kratzt oder schabt. Und ich erlaube mir dann stets einen Blick auf die ›Schriftsteller‹. Zuweilen kann das sehr interessant sein, denn meistens geht es um Liebe. Frauen ritzen die Namen ihres Angebeteten in die Wand. Alte Großväter bitten um gut betuchte Schwiegersöhne. Doch die junge Frau, die diesen fast vergessenen Spruch unserer Griots, unserer Erzähler und Sänger, in die Wand geschabt hat, mühevoll und mit viel Geduld, habe ich angesprochen.«

»Wie hat sie reagiert?«

»Die meisten fühlen sich ertappt, wenn sie mich bemerken. Diese Frau blieb völlig ruhig und entschlossen. Der Spruch gelte einem Deutschen, den sie einmal sehr geliebt habe. Ich habe sie natürlich gefragt, was das für ein Deutscher gewesen sei? Und woher sie so gut Deutsch gelernt habe, dass sie den Satz fehlerfrei an die Wand schreiben könne? Sie aber kratzte die letzten Korrekturen an den Buchstaben in den Putz und wünschte mir und sich selbst endlich Frieden mit unseren Ahnen.«

»Hat sie außer dem Satz noch etwas hinterlassen?«

»Du hast ein gutes Gespür!«, sagt er und winkt mir, ihm die Treppe hinauf zu folgen, über die Veranda und in sein kleines, fast leeres Zimmer. Aus einer abgewetzten Umhängetasche holt er eine winzige Holzfigur.

»Ein Zudeme!« Ich kann es nicht fassen, greife nach dem Figürchen, das Holz steckt ihm im Mund wie eine dicke Zigarre.

»Gehörte das Zudeme Amelé?«

»Sie sagt, ein Mann, für den sie gearbeitet hat, hat es ihr zum Abschied geschenkt.«

»Es ist ungeöffnet!«

»Du hast recht: Dieses Zudeme wird seinem Besitzer keinen Schutz gewähren. Wahrscheinlich bringt es ihm sogar Unheil, weil er es nicht geöffnet hat!«

»Herzlichen Dank, das hat mir sehr weitergeholfen!«
Ich bin tief beeindruckt von diesem Urenkel, von seinem
Wissen, seinem gewählten Deutsch und seiner Fähigkeit,
die Wände zu lesen.

»Nicht müde werden, sondern dem Wunder die Hand
hinhalten, wie einem Vogel«, sagt er zum Abschied.

»Ein schöner Satz, stammt er von Ihnen?«

»Nein, von der deutschen Dichterin Hilde Domin.
Das hat eine andere Besucherin in die Wand geritzt.«

Ich bewundere auch seine Bibliothek im Mauerwerk
und gebe ihm noch ein paar Tausend Franc, über die er
sich außerordentlich freut.

»Wie ich schon sagte: Die togoische Schizophrenie.
Ihr stranguliert uns und haltet uns am Leben!«

Der Rückweg von der deutschen Station zur Straße führt
zunächst wieder durch die breite Mango-Allee, die die
Deutschen vor langer Zeit so akkurat angelegt haben.
Doch nach kaum hundert Metern hat der Urwald die
Allee wieder in Besitz genommen. Der Weg verengt sich
und steigt steil an. Den ersten Teil müssen wir zu Fuß bewältigen, wobei wir zu zweit das Moped schieben. Unsere Hände berühren sich dabei, und ich lächle Claude zu.
Mir scheint, dass auch er lächelt, aber er macht keinerlei Annäherungsversuche. Der Schweiß läuft in Strömen,
und langsam wird mir schwindelig bei dem schweren
Anstieg. Claude fordert mich auf, auf das Moped zu
steigen. Er schwingt sich vor mich und wirft den Motor
an. Die Fahrt auf dem steilen Pfad zwischen Wurzeln
und ausgewaschenen Gräben ist halsbrecherisch, einmal
stürzen wir fast in die Büsche. Wieder presse ich mich
an seinen Rücken und atme den Geruch seines Haares

ein. Er scheint davon wenig zu bemerken, konzentriert sich ganz auf den Hindernisparcours. Tatsächlich erreichen wir unversehrt die Straße, doch ich klebe weiter an seinem Rücken. Er nimmt es wie selbstverständlich hin.

Auf dem Rückweg passieren wir einen Wasserfall, und Claude hält an. »Fotoshooting!«, grinst er.

Er möchte, dass wir uns vor dem Wasserfall fotografieren. Claude bittet ein togoisches Paar, das ebenfalls Fotos macht, uns zu fotografieren. Endlich und nur für dieses Foto legt er den Arm um mich und zieht mich an sich, so dass unsere Köpfe sich berühren und unsere Haare sich ineinander verfangen. Doch kaum haben wir unsere Handys zurück, löst sich Claude von mir.

Am Hotel Geyser bitte ich ihn, noch auf eine Cola mit mir reinzukommen. Von der Bar aus haben wir einen guten Blick auf den Swimmingpool, der nun, in der etwas abkühlenden Nachmittagssonne, einladend glitzert. Am Rand liegen Kathi und die anderen Mädchen auf ihren Liegestühlen. Ich bestelle zwei Cola. Der Rezeptionist, der auch die Bar betreut, kann sich auf meine Bestellung kaum konzentrieren, fragt zweimal nach. Auch Claude grinst und jetzt erst sehe ich, dass Kathi und die drei Mädchen am Pool zum Bräunen ihre Bikinioberteile geöffnet haben. Ich fuchtele dem Rezeptionisten mit einem Geldschein vor der Nase herum und zeige auf den Kühlschrank.

»Deux Coca Cola, s'il vous plaît!«

Ohne den Blick vom Pool zu lösen, reicht er uns die zwei Flaschen. Sie sind nur mäßig gekühlt, aber ich wende mich lieber wieder Claude zu.

»Was schulde ich dir?«, frage ich ihn, als wir an einem Tisch vor der Bar Platz genommen haben.

»Gib mir, was du willst!«

»Brauchst du das Geld gar nicht?«

»Dein Geld wird mich kaum retten. Der Job als Motorradtaxifahrer bringt kaum etwas ein. Es gibt in Togo schon viel zu viele Motos.«

»Warum machst du dann nichts anderes? Zum Beispiel Biologie studieren, wo du dich schon so gut mit den Pflanzen auskennst?«

»Vielen jungen Togoern bleibt nur der Job als Moto-Fahrer, weil sie kein Geld für eine Ausbildung oder ein Studium haben und es kaum andere Arbeit gibt. Aber selbst nach einem teuren Studium sind die Jobaussichten in Togo mau.«

»Gibt es gar keine andere Arbeit in Togo?«

»Manchmal hab ich Glück und finde Arbeit. Aber die togoischen Arbeitgeber zahlen ihren Arbeitern allzu oft gar keinen oder nur einen reduzierten Lohn. So sind wir gezwungen, immer wieder das Land zu verlassen, um in Nachbarländern Arbeit zu finden. Ich fahre oft nach Benin in die Hauptstadt Cotonou. Dort kann ich mir nur ein Zimmer in einem total heruntergekommenen Viertel leisten, wo die Leute uns Togoer nicht mögen, weil sie selber kaum Arbeit finden. Letztes Jahr haben sie mich überfallen, zusammengeschlagen und mir meine Rastazöpfe abgeschnitten. Aber mein Lohn als Anstreicher und Dekorateur ist selbst in Benin erheblich höher als in Togo. Deshalb muss ich wieder dorthin. Bete für mich, dass sie mir diesmal nicht mehr abschneiden als nur die Haare!«

Ich nicke und bitte ihn, auf mich zu warten. An Kathi und den drei Mädchen vorbei schleiche ich in unser Hotelzimmer und hole aus dem Versteckfach meines Rucksacks meine Geldreserve für Notfälle. Sie ist bereits gehörig zusammengeschmolzen. Ich zähle 65.000 Franc ab, umgerechnet fast 100 Euro, und kehre unauffällig zu Claude zurück. Noch immer hat keines der Mädchen mich bemerkt. Ich schiebe den Packen Scheine Claude zu, der sie gar nicht zählt, sondern ängstlich verschwinden lässt. Seine Befürchtung, der Rezeptionist könne ihn mit dem vielen Geld beobachtet haben und einen Anteil einfordern, entbehrt allerdings jeder Grundlage. Wirklich registriert hat er uns noch immer nicht.

»Ist das okay?«, frage ich Claude.

Statt einer Antwort schließt er mich in die Arme und drückt mich so fest, dass ich kaum Luft bekomme. Ich schiebe ihn sanft von mir weg, um ihm in die Augen sehen zu können. Gilt seine innige Umarmung mir oder meinem Geld? Tatsächlich hat er noch etwas auf dem Herzen.

»Hast du einen festen Freund?«, fragt er vorsichtig.

»Ja und nein!«, sage ich. »Robert. Aber der ist ein absoluter Trottel!«

»Aber wenigstens ist er weiß und deutsch!«

»Von mir aus könnte er gelb und Indianer sein, nur eben kein Trottel!«

Er weiß nicht recht, was er mit dieser Information anfangen soll. Aber ich will einfach nur die Wahrheit sagen. Jedenfalls Claude gegenüber. Und da ich ihn so verwirrt habe, nehme ich allen Mut zusammen, lege ihm die Arme um den Hals und küsse ihn auf den Mund. Er lächelt und steigt auf sein Moped.

»Wegen dieser Amelé: Ich werde die Ohren aufhalten!«, ruft er gegen den Lärm des Motors, den er bereits angelassen hat. »Wenn ich etwas rausfinde, ruf ich dich an!«

Ich schaue ihm nach. Mein Herz pocht, ich schwanke zwischen Glück und Zweifel. Als nur noch die Staubwolke von Claudes Moto zu sehen ist, entscheide ich mich für das Glück.

»Ich bin wieder da!«, rufe ich Kathi und den Mädchen zu.

»Juli, wo warst du? Wir haben uns schon Sorgen gemacht!« Kathi fährt aus dem Halbschlaf hoch und ich denke, dass Nacktheit hier langsam zur Normalität wird. Außer für den Rezeptionisten ...

»Ich war heute Nacht da. Aber in unserem Bett war kein Platz mehr!«

»Oh, du hättest uns wecken sollen! Wir sind nur zusammengezogen, weil die Jungs vom Pool ziemlich anhänglich waren.«

»Seit wann stört dich das?«

Kathi hört meinen ironischen Unterton gar nicht, und ich bin versöhnt. Beeindruckend, wie sie sich treu bleibt!

»Ich breche morgen früh Richtung Kara auf. Das geht von hier aus nur mit einem Buschtaxi über Atakpamé. Kommst du mit oder reist du mit den Mädchen weiter?«

»Natürlich mit dir, doofe Frage!«

Irgendwie bin ich beruhigt, obwohl die Weiterreise mit Kathi wegen ihrer Unbedarftheit und ihrem Hang, sich schnell in Jungs zu vergucken, womöglich kein Zuckerschlecken wird. Und bin ich nicht selbst zu leichtfertig? Ich kenne Claude kaum. Nicht einmal ob er eine Freundin hat, habe ich ihn gefragt. Der Gedanke an ihn erfüllt mich trotzdem mit Glück. Ich vermisse ihn jetzt schon ...

Atakpamé

Am nächsten Tag zahlen Kathi und ich früh das Hotelzimmer und lassen uns für ein paar Cent zur Taxistation
hinter der Shell-Tankstelle bringen. Inzwischen sind uns
die Preise und Gepflogenheiten einigermaßen geläufig.
Und wie durch ein Wunder fährt das Taxi schon los,
als nur fünf Fahrgäste beisammen sind. Die Fahrt geht
durch eine wunderbar grüne, bergige Landschaft. Und
kaum, dass wir Kpalimé verlassen haben, packt eine
Mitfahrerin ihr Vesper aus und versorgt alle Insassen
mit frittierten Yamsstücken, die sie in äußerst leckere,
scharfe Tomatensoße tunkt.

»So lässt sich's reisen!« Ich teile mit Kathi den Beifahrersitz und bin erfüllt von einem Glücksgefühl, dessen
Grund Kathi nicht einmal ahnt. Stattdessen gebe ich ihr
einen tomatenverschmierten Kuss auf die Wange. Auch
Kathi ist guter Dinge, und nach knapp drei Stunden rollen wir bereits in der ausufernden, quirligen Stadt Atakpamé ein.

Das »Hôtel California«, das im Reiseführer Lonely Pla-
net angepriesen wird, gibt es schon lange nicht mehr. Wir
stehen vor einer Tankstelle und versuchen, im Internet
eine andere Unterkunft aufzutun. Telefonisch ist aber

kein Hotel erreichbar. Wir sind dazu verdammt, die fremde Stadt nach einem freien und bezahlbaren Hotelzimmer abzugrasen. Und das mit unserem schweren Gepäck! Schon sehne ich mich nach einem Moto-Fahrer, einem bestimmten, und ertappe mich dabei, wie ich die Straße nach ihm absuche. Kurz werfe ich einen Blick auf seine Nummer auf meinem Handy. Doch Claude kann sich bei den Spritpreisen eine Spazierfahrt nach Atakpamé sicherlich nicht leisten.

Wenigstens fahren hier ein paar Auto-Taxis herum, so dass wir mit dem Gepäck nicht auf Motorrädern balancieren müssen. Der Fahrer des ersten Taxis, den ich anhalte und der uns »sehr gerne« herumfahren will, verlangt viel Geld. In Erinnerung an Kpalimé bietet Kathi ihm den Preis für zwei Motorradtaxis an. Der Fahrer winkt uns einzusteigen. In diesem Moment kommt der Besitzer des Taxis, der uns offenbar die ganze Zeit beobachtet, hinzu:

»Ihr zahlt mehr, ihr seid Weiße!«

»Deutsche!«

»Noch schlimmer!«

»Was hat der Preis mit unserer Herkunft zu tun?«

»Ihr Deutschen profitiert schon seit 130 Jahren von uns. Es wird Zeit, dass ihr uns etwas zurückgebt!«

»Indem wir total überhöhte Taxipreise zahlen?«, fragt Kathi irritiert.

»Zum Beispiel!«

»Vielleicht können wir uns einigen, zum Beispiel in der Mitte!«, schlage ich vor.

Kathi ärgert die Argumentation dieses Togoers, der offenbar aus der kolonialen Vergangenheit Wucherpreise ableitet. Gerade fahren wir am »Centre Medico-Sozial

ANNA MARIA« vorbei. Eine blitzsaubere, großzügig gebaute Krankenstation, über deren Eingang die deutsche Flagge weht. »Togo – Neuer Horizont e.V.« steht dort auf Deutsch.

»Diese Deutschen machen es richtig: Sie behandeln jeden Monat über 600 Patienten, und würde es sie nicht geben, wären Not und Leid wesentlich größer«, erklärt der Taxibesitzer.

»Togo ist seit 1960 selbständig. 56 Jahre! Wird Zeit, dass du Verantwortung für dein Land übernimmst!«, fährt Kathi den Taxibesitzer an.

»Der Aderlass, den der Kolonialismus hinterlassen hat, ist mit keinem Geld aufzuwiegen«, sage ich und reiche dem Fahrer 6000 Franc, was Kathi restlos sauer macht.

»Du fällst mir in den Rücken!«

»Wegen knapp 10 Euro?«

»Darum geht es nicht. Die Leute verlieren jede Achtung vor uns, wenn wir uns widerstandslos schröpfen lassen!«

»Ich möchte die Achtung der Togoer nicht durch Feilschen erlangen!«, sage ich.

»Wie dann?«

»Durch mein afrikanisches Herz. Das sollen sie sehen!«

»Du bist eine hoffnungslose Idealistin!«, sagt Kathi, und ich sehe, dass sie mich nicht mehr ganz für voll nimmt.

Schließlich finden wir ein kleines Hotel, in dem wir fast die einzigen Gäste sind. Vom Dach haben wir einen schönen Blick auf die Stadt, das Gewirr von zumeist einstöckigen, blechgedeckten Hütten entlang der alten, von Deutschen gebauten Eisenbahnstrecke.

In der Abenddämmerung sind wir, diesmal ohne schweres Gepäck, in der geschäftigen Stadt unterwegs, die einst das Verwaltungszentrum der deutschen Kolonie »Togoland« war. Wir bestaunen die auch nach 100 Jahren noch völlig intakten Bahngleise. Die deutschen Kolonialisten hatten es sich nicht nehmen lassen, die Gleise auf eiserne Schwellen zu schrauben. Zwar wurde die Strecke dadurch praktisch unverwüstlich, aber die Menschen waren gezwungen, ihre Hütten über den Schienen zu errichten, so dass die Gleise buchstäblich durch ihre Wohnzimmer verlaufen. Vor ihren Häusern verkaufen sie kleine Snacks. In jedem Reiseführer wird vor den Garküchen an der Straße gewarnt. Schnell bin ich trotzdem mit Kathi einig, dass wir die angebotenen frittierten Kochbananen unmöglich ausschlagen können. Für ein paar Franc erstehen wir einen kleinen Snack aus leicht süßen, aber scharf gewürzten Bananenscheiben, die wir im Nu verzehrt haben. Ohne weiteres hätten wir mehr davon verputzen können, aber wir haben für den Abend noch eine Verabredung in einem Restaurant.

Immer wieder gleitet mein Blick auf mein Handy, wobei ich hoffe, dass es Kathi, die selber ständig mit dem Handy zugange ist, nicht auffällt. Ich möchte ihr keinesfalls gestehen, dass ich auf eine Nachricht aus Kpalimé warte, von einem Motofahrer, der mir einfach nicht aus dem Kopf geht. Aber es kommt nichts. Wie auch? Claude muss schuften, um zu überleben.

Stattdessen haben wir uns über Handy mit Lena in Verbindung gesetzt, die hier in Atakpamé für den Freiwilligendienst in einer Schule arbeitet. Und so landen wir drei bald in einem offenen Straßenrestaurant. Wieder mal gibt es an diesem Abend einen Stromausfall. Wir sitzen in der Dunkelheit und können unsere Gerichte nur im flackernden Dämmerlicht einiger Petroleumlämpchen erkennen. Kathi und Lena haben zur Sicherheit Spaghetti bestellt, um den scharfen togoischen Gerichten zu entgehen. Die Soße dazu ist allerdings von einer Schärfe, die Kathi zu einem Hustenanfall treibt. Lena schiebt den Teller von sich: ungenießbar! Ich bestelle das togoische Nationalgericht: gestampfte Yamswurzel mit einer scharfen Soße aus Tomaten, Palmöl und Erdnussmus. Darin schwimmen kleine Stücke Ziegenfleisch. Die fehlende Beleuchtung stört mich nicht. Das flackernde Licht hüllt uns angenehm ein, so als wären wir auf einer Insel ganz für uns.

»Was macht die Schule?«, frage ich Lena.

»Eine Katastrophe! Ich steh vorne und versuch zu unterrichten. Bin ultra-gründlich vorbereitet. Aber alle Schüler schreien und laufen durcheinander. Ich muss mir die Ohren zuhalten, und von da an nimmt mich keiner mehr ernst. Ziemlich frustrierend!«

Die blonde Lena, die jetzt im Petroleumlicht noch blasser wirkt, dürfte so alt sein wie ich.

»Studierst du auf Lehramt?« Ich bin überrascht, dass man eine junge Frau mit den Kindern alleine lässt.

»Ich hab gerade erst das Abi gemacht und keine Ahnung von Pädagogik. Die togoischen Lehrer geben mir einen Stock in die Hand und sagen, der sei das Lehrmittel, mit dem sie sich Respekt verschaffen. Sie selbst prügeln die Kinder fortwährend. Das kann ich einfach nicht. Ich hab in meinem Leben noch nie jemanden verprügelt, nicht einmal meine Schwester. Und die hätte es mehr als einmal verdient.«

Prügelstrafe! Ich erinnere mich, wie damals meine Spielkameraden in Kara oft geschlagen wurden. Vor allem im Koranunterricht, den ich von der Straße aus beobachten konnte. Schlagen gehörte dort zu den beliebtesten Erziehungsmethoden, und die Kinder nahmen die Schläge klaglos hin. Ihre sprühende Energie behielten sie trotzdem. Ich kann mir gut vorstellen, dass Lena da nichts ausrichten kann.

Als hätte ich laut gedacht, fährt Lena fort:

»Wir können hier einfach nichts tun, außer danebenstehen und Däumchen drehen. Das kommt mir ziemlich sinnlos vor. Wir helfen den Projekten nicht, und wir lernen selber nichts. Deshalb kommt mir langsam der Verdacht, dass dieser ganze sogenannte ›Freiwilligendienst‹ nicht nur sinnlos, sondern sogar schädlich ist. Wir haben null Ahnung, beherrschen kein Handwerk, haben außer der Schule keine Ausbildung. Auch wenn sie es ›Zusammenarbeit‹ nennen, am liebsten haben die Togoer, wenn wir ihnen nicht ins Handwerk pfuschen. Für unsere bloße Anwesenheit bekommen sie Geld. Und weil sogar unser Taschengeld höher ist als ihr Lohn, pumpen sie uns natürlich an.«

Ich schlucke, denn auch auf uns wartet ein Freiwilligendienst. Wieder muss ich an Papas Warnungen denken, an seine harsche Kritik an dem, was ›Entwicklungszusammenarbeit‹ genannt wird und was er ›Voluntourismus‹ nannte.

»Ich hab den Eindruck, dass wir hier wie die alten Kolonialherren ankommen: Wir können nix, wir leisten nix, aber wir genießen aufgrund unserer Hautfarbe und Herkunft alle Vorteile. Sowas nennt man, glaube ich, ›Rassismus‹.«

Ich bin froh, dass Papa jetzt nicht am Tisch sitzt. Trotzdem will ich diese vernichtende Kritik an den Freiwilligenprogrammen nicht unkommentiert lassen.

»Die Leute von ›weltwärts‹ sagen, dass es bei unseren Einsätzen gar nicht um Entwicklungshilfe für Afrika geht, sondern um die Entwicklung in den Köpfen der Freiwilligen. Hat der Einsatz hier deine Einstellung nicht total verändert?«

»Ja, hat er!«, stimmt Lena zu. »Aber dann muss auch offen gesagt werden, dass es sich bei weltwärts um ein Entwicklungsprogramm für junge Deutsche handelt. Und nicht um ›Not lindern‹ und ›für eine gerechtere Welt arbeiten‹, wie uns in den Vorbereitungskursen vorgegaukelt wird!«

Ich schließe die Augen und nicke, was im Petroleumlicht wahrscheinlich eh keiner sehen kann. Die Erinnerungen an die Diskussionen mit Papa steigen auf und hindern mich daran, weiter Partei für die Entwicklungszusammenarbeit zu ergreifen.

Als ich Mama und Papa von meinen Plänen, nach Togo zu gehen, berichtet habe, war Papa entsetzt. Aus seinem Schreibtisch holte er ein Papier. Das ›Kölner Memorandum‹, ein Aufruf, die Entwicklungsarbeit in der bisherigen Form zu beenden. Papa las das sehr umstrittene Papier, das statt Entwicklungshilfe Industrie- und Wirtschaftsförderung propagiert, pathetisch vor, wie eine flammende Rede[XI]. Dann hob er den Kopf und blickte mir fest in die Augen: »Juli, glaub mir, du bringst dich für eine komplett sinnlose Sache in allergrößte Gefahr! In Togo sowieso! Versprich mir, dass du dir das nochmals gründlich überlegst!« Und als ich ihm sagte, dass meine Überlegungen abgeschlossen seien, wurden meine Eltern wütend. Keinen Cent wollten sie mir für diese verrückte Idee rausrücken.

»Bist du eingeschlafen?«, weckt Lena mich aus den Erinnerungen.

»Ich zahle. Wollt ihr noch einen Nachtisch?«, fragt sie. Aber ich bin pappsatt, und Kathi und Lena befürchten, beim Nachtisch ähnlich enttäuscht zu werden wie bei den Spaghetti. In der inzwischen stockfinsteren Nacht verabschieden wir uns, versprechen, uns wiederzusehen, und treten den Heimweg an, Lena in die eine, Kathi und ich in die andere Richtung.

Auf der zerfurchten Straße sind in der Dunkelheit kaum noch Menschen unterwegs. Es wäre ein leichtes, jetzt zwei Mädchen zu überfallen und auszurauben. Doch ich fühle mich in der Dunkelheit auf seltsame Weise beschützt, denke an einen Motofahrer, der jetzt noch mit den letzten Fahrgästen unterwegs ist, wahrscheinlich ohne Licht, aber mit großer Geschicklichkeit. Die sternklare afrikanische Nacht ist mir schon in der Kindheit Begleiter gewesen. Wer wollte mich ernsthaft überfallen oder gar ausrauben in einer solchen Nacht? Kathi hakt sich bei mir ein, schmiegt sich an mich. Sie vertraut nicht Afrika, nicht der Nacht, sondern mir. Und so balancieren wir an den tiefen, wassergefüllten Straßengräben entlang. Als könnte sie meine Gedanken lesen, wünscht Kathi sich ein Mototaxi. Ich stimme ihr zu und denke an Claude, doch hier fährt in der Dunkelheit niemand mehr.

Flughunde sausen im Tiefflug über uns hinweg. Wir spüren den Luftzug ihrer Flügelschläge, sehen können wir sie nicht. Kathi schaltet das Licht ihres Handys an und sofort wieder aus. Handtellergroße Nachtfalter setzen sich, vom Licht angelockt, auf ihre Hand.

»Leuchte du!«, sagt sie, und ihre Stimme zittert etwas.

Ich hole mein Handy heraus. Viele Nachrichten aus Deutschland warten auf mich. Nur keine aus Kpalimé. Ich habe schon lange keine Lust mehr, sie zu öffnen.

»Sieht so aus, als hätte deine Mutter geschrieben!« Kathi hat den Absender erfasst, bevor ich noch das Licht einschalten kann.

»Kann sein.«

»Habt ihr Stress?«

»Ja und nein. Niemand weiß besser als meine Eltern, wie das Leben hier läuft. Und niemand wünscht mehr als sie, dass ich nach Hause komme.«

»Haben sie Angst um dich?«

»Sie haben Angst, ich könnte ihre Fehler wiederholen und trotz all ihrer Warnungen zu Schaden kommen!« Kaum habe ich das gesagt, ganz unsicher, ob Kathi damit etwas anfangen kann, da erlischt mein Handy. Der Akku ist leer, jede Nachricht aus Kpalimé ginge ins Leere.

Und so arbeiten wir uns langsam aus der Dunkelheit zu den Lichtern der Hauptstraße vor, an der unser Hotel liegt. Wir müssen laut an die Tür pochen, denn es ist abgeschlossen. Die junge Hotelangestellte, die uns schon so nett empfangen hat, öffnet, nur mit einem Tuch um den Bauch. Offenbar hat sie schon geschlafen und ich frage mich, ob es hier in Togo überhaupt so etwas wie feste Arbeitszeiten gibt. Die Frau jedenfalls wünscht uns eine gute Nacht.

Gerne hätte ich auf dem Dach geschlafen, über mir nur der weiten, sternbesäten Himmel und unter mir die fernen Geräusche der Straße, über die Motos surren.

Hätte darauf gewartet, das eines zu mir surrt. Aber auf dem Dach kann ich mein Moskitonetz nicht aufspannen. Und sich ohne Netz unter freiem Himmel den Attacken der Mücken auszusetzen, wäre sehr leichtsinnig. So schlafen wir eben im stickigen Zimmer. Die Hitze lässt den Schweiß in dicken Tropfen über die Haut rinnen. Wir entfernen uns möglichst weit voneinander, um unsere Körper etwas zu belüften. Zugleich bin ich darauf bedacht, das Moskitonetz nicht zu berühren, denn die Anophelesmücken, Überträger der Malaria, stechen auch durch die Maschen des Netzes.

Am nächsten Morgen besteigen wir früh einen sehr alten Bus, dessen Kofferraumklappen mit Stöcken hochgehalten werden müssen. Mittags sollen wir laut Fahrplan Kara erreichen. Die Busfenster klappern, der Wind zieht kräftig herein, und der Motor dröhnt. Außer uns sind noch einige weitere Weiße eingestiegen. Trotz der jetzt schon drückenden Hitze, die selbst bei absoluter Reglosigkeit Schweißströme über den ganzen Körper fließen lässt, sind die jungen weißen Frauen mit langen, festen Röcken, hochgeschlossenen Blusen und engen Häubchen unfassbar warm gekleidet. Und obwohl auch ihnen die Schweißperlen übers Gesicht rinnen, machen sie keinerlei Anstalten, etwas abzulegen. Mir fällt auf, dass sie offenbar überhaupt kein Französisch können und schon bei der Suche nach ihrem Platz im Bus konsequent Englisch sprechen, was außer Kathi und mir niemand versteht. Kathi will ihnen zu Hilfe kommen. Doch die Mädchen weichen ihr aus. Abschätzig beäugen sie Kathi, die mal wieder nur spärlich bedeckt unterwegs ist. Unsicher tuscheln sie miteinander, unsicher, wie sie reagieren sollen.

Kathi ficht das nicht an. Wer mit ihr nicht reden will, soll es lassen. Eines der Mädchen sucht stattdessen Kontakt zu mir. Ich frage sie nach dem Woher und Wohin.

»Wir sind Mennoniten aus Kanada.«

»Eine christliche Sekte?«

Die Frau, die ihr langes, dunkelblondes Haar zu einem dicken Zopf geflochten hat, der unter ihrem Häubchen den Rücken hinabfällt, lächelt nachsichtig: »Keine Sekte, wir sind eine Freikirche und halten uns an das Wort Gottes, wie es in der Bibel steht.«

»Wohin fahrt ihr?«

»Dapaong!«

»Schon mal gehört: Ist das nicht ganz im Norden Togos? Was macht ihr dort?«

»Missionieren!«

»Ist das nicht gefährlich?«

»Ja, über die Grenze aus Burkina Faso kommen jetzt Terroristen und nehmen uns Weiße als Geiseln.«

»Warum fahrt ihr dann da hin?«

»Wir vertrauen auf Gott, der uns den Auftrag gegeben hat!«

Die Frau lächelt abgeklärt. Sie ist mir nicht unsympathisch, und doch möchte ich das Gespräch nicht vertiefen, will keine Diskussion mit ihr. Stattdessen wende ich mich wieder der Landschaft zu, dem überbordenden Grün der Vegetation, in dem grellbunte Vögel nisten. Wie in einem Traum zieht all das an mir vorbei, und ich denke an Claude, von dem niemand außer mir etwas weiß und von dem ich noch immer keine Nachricht auf dem Handy habe.

Der Norden

Der Bus kriecht im Schritttempo vorwärts, kommt immer wieder zum Stehen. Eine endlos scheinende Schlange von LKWs schiebt sich nach Norden. Schneller sind die Überlandbusse, die nach einem ungeschriebenen Gesetz immer Vorfahrt haben und deshalb immer auf der Gegenfahrbahn unterwegs sind.

Die Nationalstraße 1 von Lomé nach Burkina Faso ist die Hauptverbindung von der Küste ins Innere des Kontinents. Die Strecke ist sehr abwechslungsreich, es geht durch steppenartige Vegetation. Hier weicht das satte Grün einem hell-gelben Farbton, ehe sich die Vegetation später eine bräunliche Patina gibt. Alte Baobabs[XII] und Kapokstämme[XIII] ragen wie vorzeitliche Totems in den weiten blauen Himmel. Auf den Feldern Bäuerinnen und Bauern. Mangos und Papayas, Zitronen und Mandarinen, Avocados und Ananas, Spinat und Rüben – keine tropische Frucht, kein Gemüse, das in Togo nicht wächst.

Schließlich erreichen wir das Bergland vor Bafilo, die gefährlichste Passage der Fahrt. Die völlig überladenen Trucks kriechen in Schneckentempo die steilen Serpentinen hinauf und ziehen Qualmschwaden hinter sich her. Der beißende Asbestgeruch, der zu uns in den Bus dringt,

verdeutlicht allen den bedenklichen Verschleiß der Brem-
sen und Kupplungen. Viele Lastwagen sind liegengeblie-
ben, Motoren werden auf der Straße zerlegt. Fahrer liegen unter Fahrzeugen und warten auf Ersatzteile. Un-
klar, ob die Lastwagen je weiterfahren werden. Ausge-
weidete Wracks von Fahrzeugen, die es nicht geschafft
haben, liegen am Straßenrand und in den Büschen als
stumme Zeugen gescheiterter Pläne. Und wieder denke
ich an Claude und sein klappriges Moped. Sollte ich ihm
eine Nachricht schicken? Was aber soll ich schreiben?
»Lieber Claude, leider habe ich mich ein bisschen in dich
verliebt!«? Stattdessen schreibe ich lieber: »Wie geht's?«,
und warte auf Antwort.

Wo immer der Bus hält, schwappt das Leben herein.
Fufu[XIV] mit Soße, Kochbananen, Fleischspieße, Eiswasser, Mangos und Kaugummis wechseln die Besitzer. Kathi hatte sich schon darauf gefreut, Maisbrei zu probieren, ein togoisches Nationalgericht. Ich bestelle ihn für
sie. Für ein großes Weißbrot bezahle ich umgerechnet
30 Cent. Es ist ungesalzen, gummiartig, aber sättigend.
Dann schließen die Türen, sperren die Welt aus, und es
bleiben die Erinnerungen. Ich stecke die Kopfhörer in
die Ohren:

Could you be loved? Could you be loved?

*Bist du liebenswert? / Lass dich von ihnen nicht
reinlegen / nicht von ihnen erziehen. Oh nein! ...* Das
Marley-Lied bringt mir die alten Bilder wieder ins Gedächtnis.

*Wir haben unseren eigenen Kopf ... Die Liebe wird
uns nicht im Stich lassen / Die Dunkelheit muss zum
Licht führen ...*[XV]

Natürlich unterschied ich mich damals von den anderen Kindern, auch wenn bald niemand mehr Notiz nahm von meiner hellen Haut und den dünnen Härchen, die sich ohnehin schnell mit dem roten Staub der Straße färbten. Die anderen Kinder hatten vielleicht ein einziges Spielzeug, und das war zumeist beschädigt: einen Bagger ohne Räder, eine Puppe ohne Arme, einen Teddy ohne Ohren und nur einem Auge. Ich aber hatte ein ganzes Kinderzimmer voller unbeschädigtem Spielzeug. Das sprach sich schnell herum, und bald erschien die ganze Kinderschar des Viertels, um mit meinem Spielzeug zu spielen. Mama ließ sie gewähren. Doch bald entdeckte sie, dass immer mehr Spielzeug verschwand: die Nachbarskinder bedienten sich. Mama forderte sie auf, das Spielzeug zurückzubringen, doch meist war es da schon durch viele Hände gewandert und unwiderruflich verschwunden. Mir selbst machte das wenig aus. Ich zog das Spielen draußen auf der Straße sowieso vor. Mit einem Stock konnte man einen alten Mopedreifen wunderbar die Straße entlang treiben. Aus Blechdosen ließen sich Spielzeugautos basteln. So nahm ich das Verschwinden meines Spielzeugs gleichmütig hin – bis meine Lieblingspuppe verschwand.

Die brauchte ich nämlich morgens beim Aufwachen. Noch halb im Schlaf sprach ich mit der Puppe, die ein buntes, afrikanisches Kleid trug, das Amelé ihr genäht hatte. Ich weinte über den Verlust. Mama aber tobte, rannte mit mir an der Hand von Hof zu Hof und forderte die völlig überraschten Mütter auf, die Puppe rauszurücken. So funktionierte das natürlich nicht. Um das Spielzeug der Kinder kümmerten sich die Erwachsenen nicht. Es interessierte sie auch nicht. Und so erntete Mama nur

Schulterzucken und spöttische Bemerkungen. Sie musste sich geschlagen geben und wir kamen unverrichteter Dinge zurück.

Doch wir hatten Amelé nicht auf dem Zettel. Die besaß noch den Stoff, aus dem sie das Kleid für die Puppe genäht hatte. Mit dem ging sie zu den Nachbarinnen und erklärte, dass die mit diesem Stoff bekleidete Puppe ein Modell sei, nach dem sie ihren Kunden Kleider nähte. Solche Puppen hingen tatsächlich in jeder der vielen Bretterbuden, in denen genäht und geschneidert wurde. Es handele sich also um ein wichtiges Arbeitsmittel, das ihr entwendet worden war. Und sie drohte, Himmel und Hölle in Bewegung zu setzen, sollte bis zum Abend ihr Modell nicht wieder auftauchen.

Diebstahl ist in Togo ein Verbrechen. Entsprechend hektisch reagierten die Nachbarn. Noch am selben Nachmittag kam ein Kind, das offensichtlich schon eine Tracht Prügel hatte einstecken müssen, mit der Puppe auf den Hof geschlichen. Auch wenn Mama das Verprügeln von Kindern verabscheute: Eine gewisse Bewunderung für Amelés Durchsetzungsvermögen konnte sie nicht verhehlen. Und ich verstand sofort, dass ich die Rückkehr meiner Guten-Morgen-Puppe niemandem anders als Amelé zu verdanken hatte.

Während mir diese Erinnerungen durch den Kopf gehen, hat es draußen aus heiterem Himmel zu regnen begonnen. Eine schöne Abkühlung, denke ich, denke an damals. Hinter der Busscheibe und verwoben in ferne Bilder erscheint der Wald in den Bergen von Bafilo herzergreifend schön. Doch plötzlich stehen wir in einem endlosen Stau und der Fahrer ruft: »Alles aussteigen!«

Im Regen gehen Kathi und ich mit den Fahrgästen ein kleines Stück zu Fuß. Dann sehen wir den Riesen-Truck, der halb im Graben liegt, zwei Reifen in der Luft wie die Beine eines auf dem Rücken liegenden Käfers. Dahinter stauen sich Lastwagen und Busse. Zahllose Schaulustige umringen bereits das Spektakel. Männer haben damit begonnen, die Ladung des Trucks abzuladen. Kathi aber hat noch ein anderes Problem: Ihre volle Blase quält sie, aber sie wagt nicht, in die Büsche zu gehen, denn um uns herum wimmelt es von aufgeregt hin und her rennenden Kindern, für die unser Zwischenhalt eine willkommene Abwechslung ist. Sie berühren Kathis Arm, streichen mit den Fingern darüber. Schauen dann, ob Kathis Hautfarbe auf ihre Finger abgefärbt hat. Eine junge Frau prüft Kathis Haar.

»Y a-t-il des toilettes ici?«, fragt Kathi schließlich.

Die Jugendlichen sehen sie verständnislos an.

»Aux toilettes!«, wiederhole ich.

Ein Junge nickt und führt uns wenige hundert Meter durch den Wald. Vor uns taucht ein winziges Dorf mit strohgedeckten Hütten auf. Der Junge zeigt uns ein kleines Waldstück. Schon bereut Kathi, nicht hinter den nächsten Busch gegangen zu sein. Ich muss unwillkürlich lachen. Der Boden ist übersät mit Kot. Dies ist der Toilettenwald des Dorfes. Freundlicherweise wendet sich unser Begleiter ab, damit Kathi unbeobachtet pinkeln kann.

Zurück an der Hauptstraße werden wir Zeugen, wie die Menschenmenge mit vereinten Kräften den gekenterten Mega-Truck wieder auf die Räder zu kippen versucht. Das gelingt tatsächlich, und die Männer beginnen nun, den Truck wieder zu beladen. Währenddessen schieben sich die wartenden LKWs an dem Truck vorbei. Auch unser Bus kommt ganz knapp und mit einigen Schrammen durch. Die Stimmung steigt. Der Fahrer schaltet den Video-Monitor über dem Mittelgang ein. In grellen Farben wird eine Beziehungskomödie mit einer sehr dicken Frau und einem sehr mageren Mann gezeigt. Alle schütteln sich vor Lachen. Nur Kathi und ich verstehen die Witze nicht.

Lama-Kara

Der Bus nimmt die kurvige Abfahrt aus den Bergen, fährt auf die näher rückende Stadt Kara zu, meinen Sehnsuchtsort. Die Landschaft mit Bäumen gesprenkelt, die zwischen kleinen Feldern mit Yams, Maniok und sogar Trockenreis stehen. Hier und dort Hütten und Gehöfte. Mein Herz schlägt höher. Erinnerungen steigen auf, ich fühle, dass ich mich hier tatsächlich einer Lösung nähere. Es gibt sie tatsächlich, die Landschaft, von der ich geträumt habe, die Bilder, die mir fast zu einer inneren Landschaft geworden sind. Sie sind da, die Baobabs, die Hütten und vor mir die Stadt, die untrennbar verwoben ist mit Amelé.

Je näher der Bus der Stadt kommt, desto dichter wird der Verkehr, desto enger stehen die Wellblechhütten beieinander, desto mehr asphaltierte Straßen gibt es, und desto höher ragen die Häuser auf. Es ist später Nachmittag, als wir ins Zentrum rollen. Der Bus hält an der modernen Post, einem Hochhausbau. Um uns herum wimmelt es von Passanten, Motos, Ständen, Straßenverkäufern. Die Männer aus dem Volk der Kabyè sind in meiner Erinnerung nicht in muslimische Bubus gekleidet und die Frauen selten verschleiert.

»Ist das wirklich der Ort, von dem du seit deiner Kindheit träumst?«, fragt Kathi ungläubig. Ich muss zugeben, dass Kara hier im hektischen Zentrum mit hohen Betonbauten und dem dichten, scharf nach Abgasen riechenden Verkehr wenig von einem Sehnsuchtsort hat. Mit dem staubigen Asphalt und den protzigen Bankgebäuden wirkt es eher wie eine Allerweltsstadt.

»Ich war noch klein, als wir diese Stadt verlassen haben.« Ich will mich nicht rechtfertigen. Kathis offene Frage aber trifft mich an einem wunden Punkt: Sind all diese Erinnerungen, die mich hierherführen, am Ende nur ein Kindertraum, den jetzt die Wirklichkeit einholt?

Obwohl sich auf den breiten Straßen an der großen Kreuzung hinter der Post Blechlawinen voranschieben, stehen auch hier nur Motorradtaxis für den Transport bereit. Wir wissen nicht, wie weit es zum Waisenhaus »Centre Togo-Vision« ist, haben von der Entwicklungshilfe-Organisation nur einen Straßennamen bekommen. Doch hier scheint jeder das Centre zu kennen, und so haben wir schnell drei Motofahrer zusammen, die uns zum Gebäude der Hilfsorganisation bringen wollen: Eins für Kathi, eins für mich und eins für unser Gepäck. Kurz nach der Abfahrt biegt der Gepäckfahrer jedoch ab und verschwindet in einer Seitengasse.

»Halt, das Gepäck!« Kathi will ihren Fahrer zwingen, sofort anzuhalten. Dass er stattdessen herzhaft lacht und Gas gibt, beruhigt sie nicht gerade. Zumal auch mein Fahrer jetzt Gas gibt.

»Arrète!«, schreit Kathi ihrem Fahrer ins Ohr. »Bring uns sofort zu unserem Gepäck!«

Er lacht derartig, dass sie Schlangenlinien fahren. Kathi beginnt, auf seinen Rücken einzuschlagen. Er wehrt sich mit einer Hand, während sie immer mehr ins Trudeln kommen.

»Pas de problème, vos bagages sont là!¹⁶», ruft er, denn er bekommt das Moped kaum noch unter Kontrolle.

»Wo ist das Gepäck?« Kathi lässt sich nicht abwimmeln. Da zeigt er nach links. Aus der Seitengasse stößt das Moto mit dem Gepäck wieder zu uns.

»Mach das nicht nochmal!«, schimpft Kathi.

Erst jetzt merke ich, dass unsere beiden Fahrer Kathis Aufregung gar nicht verstehen. Zum Centre gibt es viele Wege. Warum müssen alle denselben nehmen?

Erleichtert zahlen wir das winzige Entgelt für die drei Motos, die umgehend davonbrausen. Bei einem so schlechten Tarif müssen sie so schnell wie möglich neue Fahrgäste finden. Ich denke an Claude, meinen Lieblings-Moto-Fahrer, von dem ich noch immer keine Antwort habe. Hat er mich schon vergessen, oder soll seine Freundin nichts von mir wissen? Ich vertreibe die dummen Gedanken und wende mich dem Centre zu.

Die Gebäude von »Togo-Vision« sehen modern aus. Durch ein großes Eingangstor gelangt man auf das weitläufige Gelände. Ein paar Heimmädchen nehmen uns begeistert in Empfang und führen uns an den einstöckigen, flachen Betonbauten vorbei, an denen Wandgemälde prangen:

»Nicht mit dem Stock, mit der Liebe erziehen wir!« und »Je dis Non! Nein zur Kinderarbeit!«

Wir nähern uns, von den Mädchen an den Händen geführt, bereits dem Chefbüro, als ein freundlicher jun-

---

16 »Kein Problem, euer Gepäck ist da!«

ger Deutscher in T-Shirt und Shorts, blond und schmal und mit einem Kinnbärtchen, uns abfängt:

»Hi, ihr seid sicher die Neuen! Wir haben euch früher erwartet. Ehrlich gesagt schon letzte Woche!«

»Ich hatte einiges zu erledigen«, erkläre ich, um Kathi Vorwürfe zu ersparen.

»Kein Problem. Bestimmt habt ihr Hunger. In der Küche gibt es noch was zu essen.«

»Wir sind hundemüde«, sage ich.

»Okay, dann zeig ich euch gleich eure Zimmer. Ich heiße übrigens Tom!«

»Ich bin Kathi!«, flötet Kathi zuckersüß, und ich sehe sofort, dass Tom ihr gefällt. Sie schluckt allerdings, als sie die Zimmer sieht: nackte Räume mit nicht viel mehr als einem Bett und einem Stuhl. Nach einer Dusche unter kaltem Wasser falle ich erschöpft auf mein Bett. Kathis Schrei von nebenan lässt mich wieder hochschnellen. Aber es ist nur ein Gecko, eine jener vielfarbigen Eidechsen, im Bad.

»Die tun nichts!«

»Kommen die auch in unser Zimmer?«

»Geckos kommen überall hin!«

Kathi inspiziert ihr Bett genau.

Gegen sechs Uhr abends ist es – wie jeden Tag – dunkel. Nachdem ich noch etwas im Reiseführer gelesen und mir dann von Bob Marley noch einen Gute-Nacht-Song habe servieren lassen, lösche ich die nackte Glühbirne, indem ich sie etwas aus der Fassung drehe, und wünsche Kathi per Zuruf eine gute Nacht. Ich weiß, dass sie wach liegt. Wie ich wird sie in die Dunkelheit horchen. Wie laut die Tiere sind! Sind es Fledermäuse, Warane, scharrende

Hühner, Straßenhunde, Ziegen – oder alles zusammen? Während Kathi wahrscheinlich die Luft anhält, um rechtzeitig gewarnt zu sein, falls eines der Tiere sie besuchen kommt, kämpfe ich mit den Tränen, so stark sind wieder die Erinnerungen an den Garten in Kara, in dem ich oft den Klängen der afrikanischen Nacht lauschte. Ich beiße mir auf die Lippen. Keinesfalls soll Kathi im Nebenzimmer mein Schluchzen hören. Ich öffne mein Smartphone, sehe, dass zwar Claude sich immer noch nicht gemeldet hat, aber Mama schon mehrfach versucht hat, mich anzurufen. Der Klingelton war ausgeschaltet. Ich schreibe eine Nachricht:

»Ich bin in Kara, der Stadt voller Erinnerungen. Erinnerst du dich noch an unseren Garten?«

Ich füge die deutsche Vorwahl hinzu und klicke auf »Senden«. Dann klappe ich das Handy zu und schließe die Augen. Bis in die kleinsten Verästelungen folgt mein Ohr den Geräuschen der Tropen. Dem Sirren und Zirpen, den spitzen Schreien und tiefen Bässen, den lockenden Rufen und gequälten Lauten. Die Luft ist erfüllt von pulsierendem Leben. Moskitos sirren an das Moskitonetz, auf der Suche nach Blut, das sie gegen die winzigen Malariaerreger tauschen wollen. Ein Kommen und Gehen, Geburt und Tod dicht beieinander, Leben und Sterben im Sekundentakt. Das ist das tropische Afrika jetzt in der Regenzeit. Mein Geburtsort, der Ort, den man gemeinhin ›Heimat‹ nennt. Ein guter Gedanke zum Leben wie zum Sterben, wenn es auch nur der kleine Tod ist, den man Schlaf nennt.

Meine Handyuhr zeigt Sechs. Ich wälze mich auf die andere Seite. Meine Haut ist taub, ledern. Darüber spannt sich ein Film von dickflüssigem Schweiß. Meine Beine sind im Laken verklebt. Meine Finger tasten nach dem spinnwebfeinen Moskitonetz. Ungelenk winde ich mich darunter heraus, eine Art Häutung. Ertaste die Shorts, zerre sie die klebrigen Beine hoch. An der Tür halte ich inne, für ein, zwei Momente. Gebe mir einen Ruck und stemme die Tür auf.

Ein Lichtmeer schlägt mir entgegen. Trockene Hitze kriecht mir in die Lungen. Halb blind taste ich mich zur Kantine vor, fülle mir eine Schüssel mit Brei und eine Tasse mit Tee und gehe wieder hinaus, um vor meinem Zimmer zu essen.

Erst jetzt bemerke ich, dass die Mädchen des Heims mich beim Frühstücken beobachten. Ich winke ihnen zu, und sie winken aufgeregt zurück, ohne sich näher heranzuwagen. Ich versuche, ihnen nicht zu viel Aufmerksamkeit zu schenken. Meine Gedanken sind beim geplanten Stadtrundgang. Werde ich von Kara noch etwas wiedererkennen? Schnell trinke ich den dünnen Tee aus. Ich will keine Zeit verlieren. Doch da wankt Kathi aus ihrem Zimmer und beugt sich zu mir, um mir einen Kuss auf den Scheitel zu geben.

»Hi!«

Sie bekommt die Augen kaum auf.

»Ich muss los«, sage ich und erhebe mich.

»Was hast du vor?« Ganz so müde, wie sie aussieht, ist Kathi anscheinend doch nicht.

»Stadtbummel.«

»Warte! Ich komm mit!«

»In deinem Aufzug kannst du dich nicht mal in Kara sehen lassen.« Ich deute auf Kathis ausgeleiertes Trägershirt, das ihr nun über die Schulter herabrutscht.

»Oh!« Kathi zieht ihr Shirt zurecht.

»Werd erst mal wach. Ich bin in ein paar Stunden wieder da.«

»Nein, warte, ich zieh mir schnell was über!«

»Du hast noch gar nicht gefrühstückt.«

»Keinen Hunger!« Kathi verschwindet schon in ihrem Zimmer.

»Der Stress ist doch unnötig!«

»Willst du mich echt hier alleine lassen?«

Kathi steht schon wieder vor mir. Sie ist noch immer ungekämmt und kann unmöglich in so kurzer Zeit ihre Zähne geputzt haben. Aber das T-Shirt und die Jeans sind passabel.

»Wohin gehen wir?«

Ich bringe nicht übers Herz, sie abzuweisen, so gerne ich beim ersten Rundgang durch »meine« Stadt alleine gewesen wäre.

»Erst mal auf den Markt!«, entscheide ich und gehe entschlossen voran. Kathi hinterher. Doch Tom fängt uns ab.

»Ich zeig euch Kara!«

»Super!«, freut sich Kathi und schenkt ihm ein süßes Lächeln.

»Nicht nötig. Ich bin hier geboren«, wende ich ein.

»Echt?«

»Willst du meinen Pass sehen?«

»Ich begleite euch trotzdem«, bestimmt Tom. »Anweisung von oben!«

Nachdem er die Flip-Flops gegen Sandalen getauscht hat, führt uns Tom zu den Plätzen, an denen die Straßenkinder für gewöhnlich anzutreffen sind. In einem Container, in dem ein Fernseher läuft, sitzen Jugendliche. Alle grüßen begeistert. Tom scheint große Anerkennung zu genießen. Er spricht einen in Lumpen gekleideten Jungen an, von dem er sagt, dass er zuvor in unserem Waisenhaus gewohnt habe. Auf die Frage, warum er abgehauen sei, erklärt der Junge schlicht, dass das Leben im Centre einfach nichts für ihn gewesen sei. Und ich nicke still in mich hinein. So waren sie schon damals, die Kinder, mit denen ich gespielt habe. Eng verbunden mit der Straße, auf der sie leiden, aber auch ihre Freiheit genießen. Gerne würde ich den Jungen danach fragen. Fragen, ob vor den Restaurants immer noch gebettelt wird, noch immer mit einem Blechnapf? Doch Tom drängt weiter.

Er führt uns nun durch ein quirliges, abgasgeschwängertes Viertel in eine Gasse, in der Metallschrott gesammelt wird. Auf der einen Seite sitzt ein Mann vor einer Waage, an der ein Haken hängt. Auf der anderen Seite türmt sich ein Schrotthaufen. Gerade, als wir ankommen, hängt der Mann eine Tüte an den Haken. Die Tüte gehört einem kleinen Jungen mit verfilztem Haar, der erwartungsvoll auf die Waage schaut. Für die Tüte voller Metall steckt der Mann dem Jungen ein bisschen Geld zu. Es können höchstens ein paar mickrige Franc sein. Dem Mann ist das Bezahlen vor Publikum sichtlich peinlich. Eilig schiebt er den Jungen, der um einen Zuschlag bettelt, weg. Dann lächelt er uns, seinen *weißen* Zuschauern, gönnerhaft zu. Ich aber fange den Jungen ab und gebe ihm einen Aufschlag, den der Kleine hastig ergreift, um dann blitzschnell und ohne Dankeschön zu verschwinden.

»Er hat Angst, jemand nimmt ihm den Schein wieder ab!«, erklärt Tom.

Ich dränge zum Weitergehen. Ich will zum Markt, meine mich zu erinnern, dass der sich an einer alten Moschee im Zentrum der Stadt befindet.

»Der alte Markt ist abgebrannt.«

»Auch dieser Markt?« Mir verschlägt es den Atem. »Wann war das?«

»Im Januar 2013, sagen die Leute!«

»Im Januar 2013 ist doch auch der Markt in Lomé in Flammen aufgegangen!«

»Genau wie in Lomé hat auch in Kara wahrscheinlich die Regierung den Brand legen lassen. Denn die Händlerinnen zählten zu den Gegnern des Präsidenten. Es gibt allerdings einen nagelneuen, von Architekten geplanten Markt mit festen Stellplätzen. Er ist ummauert, und die Straßen zwischen den Ständen sind geteert. Einziger Haken: Er befindet sich außerhalb der Stadt. Wir müssen also ein schönes Stück laufen oder Motos nehmen!« Tom legt gleich einen Zahn zu.

»Cool!«, findet Kathi und bemüht sich, mit ihm Schritt zu halten. Ich aber falle immer weiter zurück. Mein Plan war, auf dem alten Markt nach Amelé zu schauen. Vielleicht betrieb sie dort wieder ihr Nähstudio. Ich wollte nach den Ständen suchen, die ich durch Amelé kannte. Ich hatte gehofft, beim Betreten des Marktes würde alles wieder so sein wie damals. Und jetzt muss ich hören, dass es den Markt gar nicht mehr gibt. Dass meine Erinnerung in Flammen aufgegangen ist. Ich kämpfe mit den Tränen.

»Geht es dir nicht gut?« Tom hat mit Kathi auf mich gewartet. Jetzt legt er mir mitfühlend die Hand auf die Schulter.

»Schon okay!« Ich schiebe seine Hand weg, merke,

dass ich Tom mit meiner Zurückweisung vor den Kopf stoße. Auch Kathi sieht mich verständnislos an. Klar! Kathi würde Toms Hand niemals von ihrer Schulter entfernen.

»Ist vielleicht alles ein bisschen viel für mich. Geht ihr doch alleine auf den neuen Markt!« Ich muss mich neu sortieren, schaue kurz auf mein Handy. Mama hat schon wieder geschrieben. Ich kann mir denken, was sie über die Sorgen schreibt, die sie sich macht, und darüber, dass ich diese Reise doch besser abbrechen soll. Aber von Claude kein Lebenszeichen. Es kommt mir vor wie »Ghosting«.

»Hey, auf dem Markt gibt es Voodoo-Stände mit Tierschädeln, echten Krokodilsköpfen und so was. Die haben Mittelchen gegen jedes Leiden. Sogar gegen Heimweh!« Tom will mich aufmuntern. »Richtig gut geht's dir nicht, oder?« Er versucht es nochmal.

»Lasst mich einfach in Ruhe!«

»Ich hab den Auftrag, euch Kara zu zeigen und euch danach wieder heil ins Centre zurückzubringen.«

»Ich finde den Weg allein!«

»Ich schlage vor, wir kehren gemeinsam um.« Tom wirkt jetzt nüchtern und ernst.

»Ich dachte, wir gehen Totenschädel gucken«, schmollt Kathi. Ich spüre ihre Enttäuschung. Aber Toms Entscheidung steht: »Den Markt mit dem Voodoo-Stand seht ihr früh genug!«

Auf dem Rückweg, für den Tom eine andere Strecke wählt, laufen wir auf einem von Müll gesäumten Fußpfad an Wellblechhütten vorbei. Bizarrerweise steht ein großes, blendend weißes Hotel direkt neben den Hütten, zwischen denen wiederum jeder Zentimeter Erde mit

Mais bepflanzt ist. Das Hotel habe ich noch nie gesehen. Die Wellblechhütten schon. Waren es aber diese Hütten oder ähnliche anderswo? Ich hätte es wissen müssen! Auch wenn die Kindheitserinnerungen noch ganz lebendig sind, sie sind aus dem Blickwinkel eines Kindes, sozusagen von unten nach oben, gespeichert. Für mich, eine Erwachsene, sieht hingegen alles anders aus. Große Gebäude erscheinen plötzlich klein, lange Entfernungen werden kurz. Und dann hat der Zahn der Zeit an allem genagt, und Hütten sind nicht für die Ewigkeit gebaut. Wie viele Regenzeiten werden die Lehmwände schon zum Einsturz gebracht haben? Und schon sind sie wieder da, die Zweifel. Mein ganzes Vorhaben war von Anfang an verrückt.

»Waah Gwaan!«

Ich drehe mich erschrocken um. Schon wieder legt mir jemand die Hand auf die Schulter. Schon wieder entferne ich sie, ohne zu wissen, wem sie gehört. Ich drehe mich um. Der junge, ziemlich gut aussehende Rasta, der da in grellbunten Patchwork-Klamotten steht, lässt sich so leicht nicht aus der Ruhe bringen.

»You are from Jamaika?«

»Eh-eh, togolais! Everyt'ing irie?[17]«

Der Rasta nimmt mutig meine Hand und schnippt mit den Fingern. Ich muss lachen. Der Junge heitert mich auf. *I and I vibration, yeah! Positive!*

Ich lasse mich von ihm an der Hand entführen. Ich sehe noch, wie Kathi und Tom, die inzwischen vorausgegangen sind, sich nach mir umsehen, da verschwinde ich

---

[17] »Nein, Togoer! Alles in Ordnung?«

mit dem Rasta-Jungen um eine Ecke. Die beiden werden umkehren, um nach mir zu suchen. Ich renne los, ziehe den Jungen hinter mir her.

»Stopp!«, ruft er, und jetzt zieht wieder er mich: in eine Bar am Straßenrand. Zufall oder perfider Plan, jedenfalls läuft in der Bar Reggae. Sogar Bob Marley!

One love! One heart!
Let's get together and feel all right …
Lasst uns zusammenkommen und uns gut fühlen![XVI]

»Ein bisschen früh für 'ne Bar!«, stelle ich fest. Aber der Junge hat schon zwei Flaschen »EKU Bavaria« bestellt. Bayerisches Gebräu. Eine rundliche Mama öffnet die Flaschen und schiebt sie uns über den Tresen.

»Cheers!«, sagt der Rasta-Junge und stellt sich vor: »Etienne!«

»I'm a rebel, soul rebel
I'm a capturer, soul adventurer
Ich bin ein Freibeuter, ein schwarzer Abenteurer[XVII]*»*,
klingt es aus den Lautsprechern.

»Ich heiße Juli, wie der Sommermonat!«

Er nickt, lächelt mir gewinnend zu und hebt seine Flasche, um anzustoßen. Ich weiß nicht, ob er mich verstanden hat. Ich nippe am Bier. Eigentlich mag ich Bier nicht – viel zu bitter. Alkohol ist sowieso nicht meins. Aber dieses Bier schmeckt ganz passabel.

»Gutes Bier!«

»Bien sûr, la bière d'Allemagne. Comme toi!«[18]

»Woher weißt du, dass ich aus Deutschland komme?«

»Ich kenne Touristen.«

»Aha!« Offenbar bin ich nicht die erste Touristin, die

---

18 »Klar, das Bier kommt aus Deutschland. Wie du!«

er hierher abschleppt. Ich nehme mir vor, auf der Hut zu sein. Trotzdem will ich wissen, warum in einer x-beliebigen Bar in Togo deutsches Bier verkauft wird. Umständlich beginnt er also, unter Einsatz seines ganzen Körpers, die Geschichte von Franz Josef Strauß und den Deutschen in Togo zu erzählen.[XVIII]

»Du weißt ja echt Bescheid!«

Vorläufig ignoriere ich, dass er im Gespräch fortgesetzt Blickkontakt sucht und mich, beim Erklären mit den Armen rudernd, immer wieder wie beiläufig berührt.

»One love! one heart!

Let's get together and feel all right …«, singt Marley.

Sein Bier ist bereits geleert, während ich nur zwei kleine Schlucke getrunken habe und beschließe, es dabei zu belassen. Ich schiebe mein Bier zu Etienne, der es ohne Zögern zu trinken beginnt.

»Ich bin ein Rebell, ein schwarzer Rebell …«

Offenbar spielen sie in der Bar nur diese zwei Stücke.

»Want to stay with me?« Der Satz trifft mich völlig unerwartet.

»No!«, lehne ich empört ab.

»Okay!«, sagt Etienne seltsam gleichgültig und redet wieder über die Deutschen in Togo, als wäre seine Frage nur eine Nebensächlichkeit gewesen. Die rundliche Barkeeperin fragt, ob wir noch was trinken wollen. Ich winke ab, doch Etienne ruft schon:

»Eh!!« Er streckt zwei Finger in die Luft und die Keeperin schiebt zwei weitere Bier über den Tresen.

»Ich geh dann mal!« Ich habe wenig Lust, dem Rasta dabei zuzusehen, wie er sich in Windeseile vollläuft lässt. Doch die Keeperin ist sofort zur Stelle:

»You pay, sista!«

Ich schaue zu Etienne, doch der wendet sich gerade anderen Gästen zu. Ich lege einen Schein auf den Tresen. Die Keeperin will mehr. Ich zahle, was sie verlangt, und verlasse die Bar. Doch draußen überholt Etienne mich und stellt sich mir in den Weg:

»Baby me like yuh.«

»Du magst vielleicht mein Geld. Aber davon habe ich nicht viel. Such dir also eine andere!«

»Positive vibration!«, versucht er's nochmal.

»Vergiss es!«

Ich halte per Handzeichen ein Mopedtaxi an und steige auf. Etienne macht Zeichen, dass wir telefonieren müssen.

»Pilaba cee!«, ruft er mir nach – bis bald. Dann kehrt er in die Bar zurück, zu den beiden frisch geöffneten Bieren, nehme ich an.

»Zur Hilfsorganisation Togo-Vision!« Der Fahrer nickt und gibt Gas. Sein Helm hängt am Lenkrad. Einen Helm für mich gibt es natürlich nicht. Ich muss mich gut festhalten. Nach dem zweiten halsbrecherischen Ausweichmanöver klebe ich am Rücken des Fahrers.

Afrika ist irre. Ich muss grinsen und Tränen steigen mir in die Augen, mag sein, dass sie vom Fahrtwind herrühren. Durch die Schlieren sehe ich, wie mein Fahrer, während er durch engste Lücken im dichten Verkehr manövriert, mit einer Hand das Handy zückt und intensiv nach einer Nummer sucht. Ich schreie, er soll das Handy wegstecken. Er versteht nicht warum.

»C'est dangereux!«[19], schreie ich. Er aber steckt das

---

19 »Das ist gefährlich!«

Handy erst weg, als er merkt, dass ich ihm über den Rücken schaue und die Adressliste auf dem Handy sehen
kann. Kaum hat er mich am Centre abgeliefert, zückt er
erneut das Handy und diskutiert schon eifrig am Telefon,
während er achtlos meine Scheine einsteckt.

Ich mache mich auf den Weg in unsere Unterkunft,
um Kathi und Tom zu beruhigen.

Centre

Schon vor dem Waisenhaus empfängt mich ein Pulk ärmlich gekleideter Kinder, die mich an meine Freunde aus Kindertagen erinnern. Ich kann nicht erkennen, welche der Kinder zu den Waisen zählen, die im eingezäunten Innenbereich des Centre wohnen, und welche aus der Nachbarschaft hinzugekommen sind. Die Übergänge scheinen fließend, denn unentwegt strömen Kinder hinein und heraus. Damals, in meiner Kindheit, wäre ich ganz sicher dabei gewesen. So lächele ich ihnen zu. Ein Verschwesterungslächeln, das ankommt. Bereits am Tor streiten die Mädchen darum, wer mir auf dem Weg ins Centre die Hand halten darf. Untereinander haben sie einen ruppigen Umgang, die Größeren teilen gerne gegenüber den Kleineren aus. Immer wieder werden mir Kinder in den Rücken geschubst oder geraten gar zwischen meine Beine, so dass ich ihnen wieder aufhelfen muss. Die älteren Mädchen, kaum jünger als ich, eilen mir ungebeten zu Hilfe, was neue Handgreiflichkeiten auslöst, denn die Kleinen sind durchaus nicht bereit, sich von den Größeren verscheuchen zu lassen. Ich hebe die Hände, um zu erklären, dass ich für alle da bin, da eilt auch schon ein Mitarbeiter heran. Vor ihm haben die Kleinen Respekt. Mit ein paar Sprüngen bringen sie sich in Sicherheit, denn der kräftige Erzieher verteilt bereits Ohrfeigen und Nackenschläge. Die Größeren aber zögern keinen Moment, die Schläge des Erwachsenen zu parieren und in Kampfpose zu gehen. Das Geschrei und die Drohungen des Mitarbeiters machen wenig Eindruck auf sie. Sie klammern sich an mir fest und wehren sich handgreiflich, als er sie von mir trennen will. Ich versuche zu schlichten, werde aber Zeuge, wie dem Erzieher hinterrücks ein Brett über den Schädel gezogen wird.

Der Mann bricht mit einer klaffenden Platzwunde zusammen und kommt erst Sekunden später wieder zu sich. Ich bin entsetzt und will ihm aufhelfen, aber andere Erzieher ziehen mich aus dem Getümmel, zerren mich ins Foyer des »Centre Togo-Vision«. Dann eilen sie zurück, denn es bedarf der Übermacht von vier Mitarbeitern, um die gewalttätigen Mädchen zu Boden zu ringen und außer Gefecht zu setzen. Zwei der Mädchen werden ins Büro des Leiters gezerrt. Von außen höre ich ihre Schreie und Geräusche, die auf körperliche Züchtigung schließen lassen. Schockiert überlege ich, den Dienst in diesem Waisenhaus umgehend zu quittieren. Gerade will ich mich verdrücken, als die Tür zum Büro des Leiters auffliegt und die beiden Mädchen grob herausgezerrt werden. Ihr Wille scheint noch nicht gebrochen, doch die Erzieher haben sie jetzt fest im Griff.

»Entrez, s'il-vous-plaît!«[20], ruft Moise, der Chef, mich herein. Ich überlege, ob ich der Aufforderung folgen soll. Noch nie bin ich mit solch massiver Brutalität konfrontiert worden. Bevor ich mir darüber im Klaren bin, kommt Moise persönlich aus dem Büro und geleitet mich herein.

---

20 »Treten Sie bitte ein!«

»Das ist ein schlimmer Empfang, entschuldige bitte!«, beginnt er in perlendem Französisch, um dann gleich mit einer langen Erklärung nachzusetzen:

»Auch wenn wir versuchen, den Mädchen ein behütetes Leben zu schenken, tritt ihre Verwahrlosung immer wieder in Erscheinung. Meist wurden sie bereits als Kinder vernachlässigt. In vielen Fällen mussten sie für die eigene Familie schuften oder wurden aus Geldmangel an Onkel oder Tanten abgegeben. Sie mussten auf die Straße fliehen, wo sie Gewalt und Misshandlungen erfuhren, teils zur Prostitution gezwungen oder früh verheiratet wurden. Gerade in der Pubertät lehnen sie sich gegen die Erwachsenen auf. Die behaupten dann, die Mädchen seien Hexen und verjagen sie. Wundere dich also nicht darüber, wie es hier zuweilen zugeht!«

Mir kommt nur ein dünnes »Okay« über die Lippen. Natürlich könnte ich fragen, ob es schlau ist, auf die Ausbrüche der Kinder ebenfalls mit Gewalt zu reagieren. Zumal ich das Plakat über dem Schreibtisch von Moise sehe, auf dem in großen Lettern »La violence tue« steht, »Gewalt tötet«. Bin ich aber wirklich dazu berufen, mich hier als Moral-Wächterin aufzuführen? Mit welchem Recht könnte ich anderen, die täglich mit dieser Gewalt umgehen müssen, irgendwelche Vorhaltungen machen? Ich schweige betreten. Moise sieht meinen Blick, der auf dem Plakat gegen Gewalt ruht.

»Auf Gewalt mit Liebe zu reagieren, ist ein hehres christliches Ziel. Wir haben es hier mit Kindern und Jugendlichen zu tun, die in ihrem Leben kaum etwas anderes als Gewalt erfahren haben. Gewaltlosigkeit bleibt unser Ziel. Auf dem Weg dorthin kommen wir aber um Gewalt nicht herum!«

»Mag sein, aber ich kann mich an solchen Erziehungsmethoden nicht beteiligen!«

»Komm doch erst mal an, dann wirst du vieles besser
verstehen. Alle Auslandsfreiwilligen sind zuerst schockiert,
aber über ihre Arbeit gewinnen die, die wirklich motiviert
sind, einen anderen Blick auf uns und die Kinder.«

Ich zögere, schwanke zwischen meiner Abscheu vor
der Gewalt und schlechtem Gewissen. Ich möchte mich
mit diesen Kindern verbünden, ohne mir die Finger
schmutzig zu machen. Als ich selbst ein Kind war, war
das ganz einfach. Aber jetzt?

»Das ist das Problem mit euch Auslandsfreiwilligen.
Ihr habt keine Ahnung vom Leben in Togo und unserer
Arbeit, die schon Hunderte Kinder von der Straße geholt
und in Berufe gebracht hat. Trotzdem wisst ihr mit euren
gerade einmal achtzehn Jahren anscheinend besser als
wir, wie wir unsere Arbeit zu machen haben.«

»Erstens bin ich nicht zum ersten Mal in Togo und
habe schon Jahre mit den Straßenkindern in Kara verbracht. Zweitens habe ich nie behauptet zu wissen, wie
ihr eure Arbeit zu machen habt.«

»Schön, dass du also schon viel Erfahrung hast. Wärst
du bereit, dich erst mal auf unsere Arbeit einzulassen?«

»Ich werd's versuchen.«

»Wo warst du eigentlich? Tom hat berichtet, dass du
dich beim Stadtrundgang abgesetzt hast. Und dann haben deine Eltern angerufen, und ich wusste nicht, wo
du warst. Das ist unangenehm. Sehr unangenehm! Das
wirst du hoffentlich verstehen, oder?«

»Ich bin – wie gesagt – nicht zum ersten Mal hier. Ich
bin hier sogar geboren. Also brauche ich nicht an jedem
Einführungsprogramm teilzunehmen.«

»Pardon, aber wir sind für deine Sicherheit verantwortlich. Es ist überhaupt nicht in Ordnung, wenn du ohne Rücksprache einfach eigene Wege gehst. Haben wir uns da verstanden?«

»Was haben Sie meinen Eltern gesagt?«

»Na, dass du gerade an einer Stadtführung teilnimmst, was sonst?!«

»Tut mir leid, dass ich nicht Bescheid gesagt habe. Kommt nicht wieder vor!«

Später, zurück in meinem kleinen, kahlen Zimmer, kann ich aus dem Fenster den Hof bis zum Eingang überblicken. Hier versuche ich, mich für die nächste Zeit einzurichten. Doch meine Gedanken kehren immer wieder zurück zum Gespräch mit Moise. Unwillkürlich muss ich an das Vorbereitungstreffen meiner Versendeorganisation in Deutschland denken …

Obwohl wir uns beide angemeldet hatten, erschien mein damaliger Freund Robert nicht. In diesem Moment vermisste ich ihn wirklich, versuchte, ihn telefonisch zu erreichen, schickte ihm Nachrichten. Alles vergeblich. Ich hatte das Gefühl, unter den anderen Freiwilligen – zumeist Mädchen und zumeist 18-jährige Abiturientinnen – völlig allein zu sein. Die meisten Freiwilligen hatten nicht nur andere Kontinente im Blick, sondern auch ganz andere Beweggründe als ich. Obschon von den Trainern immer wieder die Gemeinnützigkeit der Freiwilligenarbeit betont wurde, machten viele Freiwillige keinen Hehl daraus, dass es ihnen einfach darum ging, mal raus zu kommen, ein bisschen Tapetenwechsel, mal was anderes zu erleben und das Ganze noch einigermaßen bezahlbar.

Sie scherten sich nicht um den Vorwurf, der dieser Art von Freiwilligenarbeit gemacht wird: Dass es nur um Fun und Selbstmaximierung, um einen günstigen Eintrag im Lebenslauf und griffige Argumente bei späteren Bewerbungsgesprächen gehe. Von ihrem Auslandsaufenthalt erwarteten sie ein bisschen Spaß und eine gesunde Rückkehr. Ihr Kopf wollte Deutschland gar nicht verlassen, hatte ich das Gefühl, weshalb ich mich ziemlich einsam fühlte. Niemand von ihnen sehnte sich nach seiner afrikanischen Nanny. Sie hatten noch nicht mal spürbare Neugier auf ihr Gastland, ich aber hatte Sehnsucht nach Togo.

Andere Teilnehmerinnen wollten wiederum die Welt retten. Alle Eckdaten ihres Ziellandes hatten sie bereits auswendig gelernt und brannten nun darauf zu beweisen, dass es nur noch ihres Einsatzes bedurfte, um das Land in die richtigen Bahnen zu lenken. Ich hörte mir ihre ausgefeilten Pläne, die sie mit viel Engagement vor versammelter Mannschaft vortrugen, still an. Sie versprühten eine solche Energie, dass man hier schon ahnte, mit wie viel Tatendrang sie sich in ihre Aufgaben stürzen würden. Gerne hätte ich mich von ihrer Begeisterung anstecken lassen, aber ich wusste aus eigener Erinnerung, dass es in Afrika nicht an Schaffenskraft fehlt. Ich war mir nicht einmal sicher, ob es den Afrikanern überhaupt an etwas fehlt, auch wenn Togo zu den ärmsten Ländern der Welt zählt. Doch solche Überlegungen konnte ich mit diesen Idealisten nicht teilen. Keinesfalls wollte ich sie entmutigen, bevor sie überhaupt aufgebrochen waren. Wenn wenigstens Robert da gewesen wäre! Ich hatte keine Ahnung, warum er nicht zum verabredeten Zeitpunkt im Bahnhof aufgekreuzt war und nicht einmal auf Anrufe reagiert hatte. Vermutlich war es ihm einfach zu früh am Morgen gewesen.

Nach langen Vorstellungs- und Kennlernrunden, nach salbungsvollen Worten über die hehren Ziele der Entsendeorganisation, nach vielen wohlfeilen Warnungen vor Fettnäpfchen, in die man bei fremden Kulturen treten kann, brachte die Trainerin (selbst eine ehemalige Freiwillige der Organisation) endlich eine Übung mit, die meinen Bedürfnissen entgegenkam. Wir sollten einen Brief an unser zukünftiges Ich schreiben, an die Person, die wir glaubten, nach unserem Auslandseinsatz zu sein. Während die meisten mit der Aufgabe wenig anfangen konnten – wer weiß schon, was man in einem Jahr denken wird? –, legte ich gleich los:

Hallo zukünftiges Ich,
hör auf, so überheblich zu grinsen, wenn du mich ansiehst! Du fasst dich an den Kopf: ›Der Plan konnte ja nur scheitern!‹, wirst du sagen. ›Mit achtzehn hätte ich dir mehr Realismus zugetraut. Aber du wolltest ja dein Togo-Ding unbedingt durchziehen!‹, wirst du sagen.
Du checkst es nicht: Ich bin total allein, isoliert, niemand, der mir beisteht. Aber mein Kopf ist voller Bilder von Kara, die Zunge spricht noch immer Kabyè, ich habe Sehnsucht nach Amelé. Mit ihr verbindet mich eine Art Nabelschnur. Was auch immer dort geschehen wird, es wird wichtig für mich und mein Leben sein. Denn so wie ich jetzt lebe, voller Erinnerungen und einer riesigen Sehnsucht nach diesem Ort, dieser Frau, so will ich nicht weiterleben. Nicht ohne zu wissen, was aus Amelé geworden ist. Warum hat sie uns plötzlich verlassen?

Und warum gab es eine solche Feindschaft gegen meine Eltern? Mama und Papa machen zu. Mag sein, dass ich grenzenlos naiv bin. Mag sein, dass mein Plan, nach dreizehn Jahren mein Kindermädchen in Togo wiederzufinden, eine Schnapsidee ist. Aber jetzt muss ich meine eigenen Erfahrungen machen, meine eigenen Fehler meinetwegen.

Denn was wäre die Alternative? Einfach alle Erinnerungen und mit ihnen die Vergangenheit begraben, so wie Papa und Mama? Wenn das ›erwachsen‹ sein soll, will ich lieber kindlich naiv bleiben. Also hör endlich auf, so überheblich zu grinsen. Ich mache jetzt mein Ding!«

Ich schrieb wie im Rausch. Immer weitere Punkte fielen mir ein. Bis sich eine Hand auf meinen Rücken legte und mich hochschrecken ließ. Hinter mir stand jemand und schaute mir über die Schulter. Jemand las in meinen Gedanken. Mit einem Ruck sprang ich auf und drückte den Brief an mich.

»Hey, immer cool bleiben!«

»Robert!«

Er schwankte, die Augen rot unterlaufen, die Körperhaltung schlaff, sein Hemd hing aus der Hose. Da kam auch schon die Trainerin herbeigeeilt:

»Entschuldigung, wer sind Sie?« Ihr Ton war scharf.

»Ey chill, Leute. Ich bin hier ganz regulär angemeldet!« Robert kramte aus seiner Jackentasche ein zerknittertes Papier: seine Einladung.

»Hast du schon mal auf das Datum geguckt?« Die Trainerin duzte ihn jetzt, ein deutliches Zeichen ihrer Geringschätzung. »Leute, die es nicht mal schaffen, pünktlich zur Vorbereitung zu kommen, können wir in unseren Projekten leider nicht brauchen!«

»Hoppla!« Robert führte sich die Einladung so nah ans Gesicht, als sei er kurzsichtig. Er kniff die Augen zusammen: »Beim Termin hatte ich anscheinend 'nen Zahlendreher!«

»Ich möchte dich bitten, jetzt zu gehen!« Ihre Stimme klang entschlossen. Robert setzte seinen Hundeblick auf und wandte sich an mich: »Sag doch auch mal was!«

»Du bist zweieinhalb Tage zu spät, Robert. Ich habe auf dich gewartet, habe versucht, dich auf dem Handy zu erreichen, habe dir mehrere Nachrichten geschickt. Wo warst du?«

Robert blickte verzweifelt in die Runde. »Gibt mir hier vielleicht jemand eine Chance?«

Die Trainerin wandte sich jetzt an die übrigen Teilnehmer: »Wenn die Gruppe Robert akzeptiert, lass ich mit mir reden!«

Die Mädchen von der »Ich-rette-die-Welt«-Fraktion erwiderten voller Mitleid Roberts Hundeblick.

»Wir sollten tolerant sein. Jeder hat eine zweite Chance verdient. Also auch Robert!« Das hochgewachsene Mädchen mit den glatten dunkelblonden Haaren warf sich gleich ins Zeug. Für sie schien ihr Hilfseinsatz schon bei Robert zu beginnen. Und sogleich sprang ein Schwarm weiterer Helferinnen ihr bei. Die Trainerin sah sich einer Solidaritätsfront gegenüber.

»Also gut: Stimmen wir ab! Robert hat die wichtige Einführung und entscheidende Übungen verpasst. Wenn er bei uns bleibt, muss er das nachholen. Ich bin nicht bereit, für ihn alles zu wiederholen. Das müsste dann schon die Gruppe machen!«

»Kein Problem, ich kümmere mich darum!«

Na klar, dachte ich: Kathi kümmerte sich gerne um Roberts »Nachhilfeunterricht«. Und tatsächlich stimmte nun die gesamte Gruppe für Roberts Verbleib. Mit zwei Ausnahmen: ich und die Trainerin, die sich enthielt.

Bis zu seiner Ankunft hatte ich Robert vermisst, hatte mich hier einsam gefühlt. Hätte gerne mit ihm darüber gesprochen, dass mein Motiv, in den Freiwilligendienst zu gehen, mit keinem Motiv der anderen Teilnehmer übereinstimmte. Dass es nicht einmal Sinn machte, hier offen über mein Motiv zu reden. Ich hätte es genossen, mich wenigstens am Rande und im Flüsterton mit Robert darüber auszutauschen. In dem Zustand jedoch, in dem Robert hier aufkreuzte, offensichtlich nach mehreren durchfeierten Nächten und wo der letzte Joint wahrscheinlich erst vor der Eingangstür verglommen war, verzichtete ich liebend gerne auf ihn. Und jetzt hatte Robert es mal wieder geschafft, sich irgendwie einzuschmuggeln.

In der Mittagspause lehnte ich es ab, mit Robert an einem Tisch zu sitzen.

»Hey, komm runter!«, versuchte er mich zu beschwichtigen. Aber ich verschwand mit meinem Tablett an einen weit entfernten Platz. Gerne hätte ich Robert alleine an einem Tisch gesehen, doch das war Wunschdenken. Keine Minute später saß Kathi neben ihm. Kathi mit ihrem blond gelockten Haar, ihrem kurzen, weit ausgeschnittenen weißen Kleid und den Sandälchen, ein Mädchen, das sicher nichts anbrennen ließ, aber selbst nicht erklären konnte, warum sie gerade nach Togo wollte. Offenbar eine Zufallsentscheidung, zu der ihre Eltern sie gedrängt hatten …

»Was für ein irrer Freak!«, hörte ich sie jubilieren und dachte: Was für eine Nervensäge! Ich würde Kathi und Robert wahrscheinlich im Doppelpack erdulden müssen. Wahrhaftig keine guten Aussichten.

Nach der Mittagspause, die die Teilnehmer draußen oder in ihren Zimmern verbracht hatten, kam die Trainerin sichtlich aufgewühlt zurück in den Tagungsraum.

»Kathi geht es richtig schlecht!«, erklärte sie. »Den Grund hat sie mir zum Glück gleich gestanden: Marihuana. Robert hat sie anscheinend zum Kiffen überredet. Jedenfalls musste ich den Arzt holen. Und ich hoffe auf euer Verständnis, wenn ich Robert, von dem sie das Zeug hat, Hausverbot erteile. Bei Drogen gibt es in unserer Organisation kein Pardon!«

Sie blickte in die Runde, ob sich immer noch jemand mit Robert solidarisieren wollte. Aber alle Teilnehmerinnen schauten betreten zu Boden. Außer mir. Ich war stinksauer, hatte gehofft, Robert würde wenigstens hier auf sein Kraut verzichten. Aber weit gefehlt! Er zog sogar andere mit rein!

Am nächsten Tag rief ich Roberts Eltern an. Im Gegensatz zu meinen Eltern hatten sie uns bei den Vorbereitungen zu unserem Freiwilligendienst aktiv unterstützt und eine beachtliche Summe auf unser Konto überwiesen. Ich war ihnen eine Erklärung schuldig.

Die Mutter war am Apparat. Sie bedauerte Roberts Ausscheiden aus dem Vorbereitungskurs. Ich hatte mir vorgenommen, ehrlich zu sein. Roberts Eltern vertrugen die Wahrheit:

»Ich bedaure seinen Rauswurf nicht. Ich fand ihn berechtigt und war sogar etwas erleichtert. Denn ehrlich gesagt hätte ich mit ihm in diesem Zustand niemals eine so schwierige Reise machen wollen!«

»Das kann ich verstehen, Juli. Aber vielleicht verstehst du auch uns: Wir hoffen, dass Robert sich fängt, wenn er echte Herausforderungen bewältigen muss.«

»Ich glaube nicht, dass die Entsendeorganisation Robert noch eine Chance gibt. Bei Drogen sind die ziemlich gnadenlos. Deshalb möchte ich euch eure großzügige Spende für unsere Reise, die ich jetzt alleine antrete, zurückzahlen.«

»Nein, behalt das Geld. Für mich ist noch nichts entschieden. Ich werde bei der Entsendeorganisation nachhaken. Dich bitte ich nur: Wenn Robert zum Flug kommt, nimm ihn bitte mit und pass ein bisschen auf ihn auf.«

»Ich habe wenig Einfluss auf Robert!«

»Mehr als du denkst!«

Erst als ich das Telefonat beendet hatte, wurde mir klar, dass ich jetzt nicht nur mein eigenes Gepäck schultern musste, sondern auch noch das von Roberts Familie. Kurz dachte ich daran aufzugeben. Mir einfach einzugestehen, dass dieses Projekt drei Nummern zu groß war. Aber der Gedanke kam mir nur kurz.

Auch wenn Robert nie am Flughafen erschien, obwohl seine Eltern ihm noch einen Platz bei der Entsendeorganisation erstritten hatten, auch wenn Kathi sich als weit weniger nervig erwies, als ich befürchtet hatte, sind sie wieder da, die Zweifel. Ich vergrabe mich in meinem Zimmer am Eingang des Centre in die Musik:

Lively up yourself ... Mach dich lebendig!
You're gonna lively up yourself, and don't be no drag ...
und sträub dich nicht dagegen![XIX]

Bob Marleys Zuspruch bestärkt mich: Zieh dich selbst aus dem Sumpf, schöpfe Mut aus der Reggae-Musik! Ich sauge die Töne, Marleys Worte ein, bis ich ganz erfüllt davon bin. Der Puls des Reggae fließt durch meine Adern. Ich will mich der Herausforderung im Centre stellen.

In den nächsten Tagen suchen die Waisenkinder immer wieder meine Nähe. Ich weiß nicht, ob es Berechnung ist oder tatsächlich Zuneigung, was die Mädchen von früh bis spät an meinem Fenster stehen lässt, um ein paar Worte zu wechseln, vor allem aber, um mich um Geld zu bitten. Mir ist durchaus bewusst, dass ich niemanden begünstigen darf, da andernfalls sofort alle Kinder am Fenster stünden. Trotzdem möchte ich niemanden wegschicken, ohne ihm nicht wenigstens mit etwas Geld geholfen zu haben. Und die Nähe der Mädchen erinnert mich immer wieder an meine Kindheit.

Der ununterbrochene Kontakt mit den Kindern und Jugendlichen, die sich um mich drängen, die ewigen Bemühungen, den richtigen Ton zu finden, niemanden zu bevorzugen und niemanden zu vernachlässigen, meine fortgesetzte Hilflosigkeit gegenüber der extremen Gewalt, all das erschöpft mich. Ich sehne mich nach Claude, obwohl der mich offenbar vergessen hat. Schließlich nehme ich mir ein Herz und schreibe ihm erneut, frage, ob er mich vergessen hat. Und tatsächlich kommt eine Antwort, die mein Herz kurz höher schlagen lässt, um es sofort in Depression zu stürzen:

»Non pas du tout! Quel était ton nom, déjà?[21]«

Er fragt nach meinem Namen und ich beschließe schon, Claude so schnell wie möglich und für immer zu vergessen, als er schreibt, er heiße Yaya. Auf meine Frage, wie er an Claudes Handy kommt, antwortet er nicht mehr. Ein Schock, aber auch eine Beruhigung. Ich weiß jetzt, warum Claude sich nicht meldet. Ein gewisser Yaya hat ihm das Handy geklaut! Wie ich unter diesen Umständen je wieder Kontakt zu Claude finden soll, weiß ich nicht ...

Bald schlafe ich abends schon ein, während die letzten Mädchen noch an meinem Fenster stehen und mir ihr Herz ausschütten. Die Arbeit tut mir gut. Nicht, weil sie so außerordentlich nützlich und nicht auch ohne mich zu erledigen wäre, sondern weil sie mich erschöpft und ablenkt von quälenden Gedanken. Ich höre noch die Rufe der Mädchen am Fenster:

»Juli, Juli! B'lab tché!«[22]

»B'laba!«[23] Schon schlafe ich tief und fest, bis mich die ersten Rufe am Morgen wecken. Immer neue Kinder und Jugendliche kommen ins Centre und verschwinden genauso unvermittelt wieder auf den Straßen, wo ich sie später treffe, als kleine Bettler und Rumtreiber, die die Gesetzlosigkeit der Straße für einige Zeit den strengen Regeln des Waisenhauses vorziehen. Wenn der Hunger oder die Bedrohung durch Banden und Ladenbesitzer zu groß wird, kehren sie ins relativ sichere Centre zurück. Außerdem droht ihnen, wie ich bald erfahre, auf der Straße der Kinderhandel, ein großes Problem in Togo.[xx]

21 »Nein, überhaupt nicht! Wie war nochmal dein Name?«
22 Kabiyè: »Juli, Juli. Bis morgen!«
23 »Tschüss!«

»Unbeflecktes Zuhause«

Eine Einrichtung des Centre Togo-Vision ist die Bara-
cke des »*Foyer Immaculé*«, das »unbefleckte Zuhause«
auf dem neuen Markt von Kara. Als ich ein Moto für
die Fahrt dorthin anhalten will, entdecke ich den Fahrer,
dem ich auf wundersame Weise stets begegne, wenn ich
irgendwohin will und der stets nur winzige Summen für
seine Fahrten verlangt. Ich gehe schnurstracks auf ihn
zu. Ob er mich auch zum neuen Markt fährt, frage ich.

»Oui!«, sagt er erfreut und flüstert in sein Handy Worte auf Kabyè. Ich höre, wie er unser Ziel durchgibt. Dann
beendet er zufrieden das Telefonat und fordert mich auf,
hinter ihm Platz zu nehmen. Und schon rasen wir durch
den dichten Verkehr und haben in rekordverdächtig kurzer Zeit den Markt erreicht: offene, wellblechgedeckte
Hallen, zwischen denen Scharen von Motos herum-
schwirren und den Gestank von schlecht verbranntem
Sprit und ungefilterten Abgasen verbreiten. Ich frage den
Motofahrer nach dem »Foyer Immaculé«, jenem ominö-
sen Container. Der Fahrer gibt sofort Gas. Nun geht es
mit ununterbrochenem Gehupe durch die mit Menschen,
Tieren und Waren verstopften Wege zwischen den über-
dachten Hallen. Die Marktbesucher nehmen unser Moto
mit stoischer Gelassenheit hin und treten beiseite. Selbst

die freilaufenden Ziegen nehmen nicht Reißaus, sondern trotten unbekümmert weiter. Im Handumdrehen halten wir vor einem blauen Container.

»Foyer Immaculé«, gibt er unseren Standort ins Handy durch, lässt mich absteigen und winkt zum Abschied. Sekunden später ist er in der Menge verschwunden. Nur der schwarze Auspuffqualm steht noch stinkend in der heißen Luft.

Der blaue Container, den ich jetzt betrete, ist eine Anlaufstelle für Straßenkinder und verzweifelte Eltern, deren Kinder weggelaufen sind. Auf dem Boden liegen Bauklötze, Kartenspiele, Legosteine, um die Kinder zu beschäftigen und mit ihnen ins Gespräch zu kommen. Daneben Matten, auf denen sich Kinder ausruhen und vielleicht ein bisschen schlafen können. Tom und Kathi sind schon da. Tom nickt kurz, als er mich hereinkommen sieht. Kathi wiederum fliegt mir um den Hals, so als hätten wir uns Jahre nicht gesehen. Dann ist sie schon wieder bei Tom. Mit ihren Blicken himmelt sie ihn an. Tom aber beachtet sie gar nicht, sondern redet auf einen Straßenjungen ein, der höchstens zwölf Jahre alt ist und in viel zu großen, zu einem farblosen Grau verwaschenen Klamotten steckt. Meine Ankunft scheint ihm eine willkommene Gelegenheit, sich aus Toms eindringlicher Ansprache zu lösen. Mit ein paar Sprüngen landet er vor mir und deutet Karateschläge an. Tom hechtet hinter ihm her, aber der Kleine ist schon draußen und verschwindet in der Menge.

»Was war das?« Ich bin irritiert.

»Das war Kézié! Ihm fällt es schwer, sich auf irgendetwas zu konzentrieren«, erklärt Tom noch etwas außer Atem. »Kéziés Eltern sind Bauern. Sie haben von ihm harte Arbeit verlangt. Eines Tages hatte er genug und floh von zu Hause auf die Straße, wo er zu klauen anfing. Man hat ihn sogar beschuldigt, Benzin aus den Tanks der Motorräder zu trinken, was ihn der Hexerei verdächtig machte. Eine der Beschuldigungen, weswegen er verfolgt wird.«

»Und warum läuft er vor mir weg?«

»Er hält es nirgendwo lange aus. In Deutschland müsste er zum Psychologen. Dafür fehlt hier das Geld. Wir können ihm nur anbieten, immer wieder bei uns unterzuschlüpfen. Mehr können wir nicht tun.«

Trotzdem frage ich, ob ich ihn auf dem Markt suchen darf.

»Meinetwegen.« Tom wendet sich schon dem nächsten Jungen zu, der ziemlich betäubt auf einer der Matten liegt.

»Spätestens zum Abendessen musst du im Centre sein!«, schärft er mir noch ein.

Draußen im Gewühl des Marktes schaue ich mich um. Die Marktfrauen thronen auf kleinen Hockern vor ihrer Ware: Metall- und Plastikschüsseln in grellen Farben, Tomaten, Okras, Piment zu kleinen Häufchen auf Plastiksäcken der UNICEF getürmt, Mais und Mehl zu Bergen aufgeschüttet, mit Blechdosen zum Portionieren obendrauf. Ein dichtes Gewusel von bunten afrikanischen Stoffen, dazwischen stillende Mamas, auf Beton schlafende Kinder. Ein einziger Strudel. Kézié ist natürlich über alle Berge, aber mir wird schwindelig.

Da fasst mich jemand bei der Hand. Ein schwacher Händedruck. Ich fahre herum. Hinter mir steht ein vielleicht neunjähriges Mädchen mit kleinen, wie Stacheln in alle Richtungen stehenden Zöpfchen, in Lumpen gekleidet und mit kaputten Flipflops an den Füßen. Es hält beharrlich meine Hand.

»Hallo!« Ich versuche freundlich zu dem Mädchen zu sein. Sicher gehört es zu den vielen Straßenkindern, die vom Centre betreut werden. Aber das Mädchen scheint mich nicht zu verstehen.

»Alafia!«, versuche ich es auf Kabyè. Keine Reaktion. Das Mädchen schaut mich nur aus großen, runden Augen an. Dann beginnt sie, an meiner Hand zu ziehen. Sie zerrt nicht, sie führt eher. Problemlos kann ich mich von ihr lösen.

»Was willst du von mir?«

Das Mädchen scheint stumm zu sein. Aber es greift unbeirrt wieder nach meiner Hand und beginnt erneut zu ziehen. Kurz überlege ich, die Kleine in den blauen Container zu bringen. Dann aber müsste ich Gewalt anwenden, denn sie will durchaus in die entgegengesetzte Richtung, will mir etwas zeigen. Ich lasse mich also über den Markt führen. Fünf Stände weiter biegt sie in eine schmale Gasse ein, die uns auf kürzestem Weg auf die Straße hinter der Marktmauer führt. Ohne ein einziges Wort zu sagen, steigt die Kleine auf den Rücksitz eines Motos, auf dem der Fahrer schon abfahrbereit sitzt. Es hätte mich nicht gewundert, wenn er wieder der Fahrer wäre, der mich gebracht hat. Aber diesen Fahrer kenne ich nicht.

»Wohin fahrt ihr?«, frage ich ihn, der hoffentlich nicht genauso stumm wie das Mädchen ist.

»Lève-toi!«, sagt er, aufsteigen!

»Wohin fahren wir?«, wiederhole ich die Frage.

Doch auch er ist nicht besonders gesprächig. Er rückt

auf dem Sitz nach vorne, bis er fast auf dem Tank sitzt. Das Mädchen klammert sich eng an ihn, beide machen mir Platz.

»Entweder ihr sagt mir, wohin ihr fahrt, oder ihr könnt alleine fahren!« Ich wende mich schon ab, da kommen ein paar geflüsterte Worte:

»Aninam yaḍaa kpɛ́ wo!²⁴»

»Pardon?« Kurz meine ich, mich verhört zu haben. Statt einer Antwort nickt er nur. Ich habe richtig gehört. Aninam, Amelés Sohn, den ich zuletzt als Baby gesehen habe! Er wartet auf mich. Mit einer Kopfbewegung fordert der Fahrer mich auf, Platz zu nehmen. Zögernd steige ich auf. Zu dritt auf dem Moped verlassen wir den Markt, nicht Richtung Stadtzentrum, sondern in entgegengesetzte Richtung. Wir durchqueren einen Vorort von Kara, bis wir vor einem ziemlich heruntergekommenen Haus anhalten.

»Le voici!«²⁵, sagt der Fahrer und zeigt auf die Tür. Das Mädchen lässt sich geschickt vom Moped gleiten und läuft los. Ich hinterher. Ohne einen Franc zu verlangen, dreht der Fahrer ab und knattert davon. Das Mädchen zieht mich nun zur Tür und klopft an. Nichts passiert. Sie klopft etwas lauter. Jetzt höre ich das Schmatzen von Flipflops. Jemand nähert sich. Quietschend öffnet sich die Tür und ein finster dreinblickender Mann tritt heraus.

»Náyɔ́ nɛ. ŋkɔ́ɔ Juli!²⁶», erkläre ich. Das mit dem Sommermonat schenke ich mir diesmal. Er steckt dem Mädchen einen Schein zu und versetzt ihm einen leich-

---

24 Kabiyè: »Aninam wartet auf dich!«
25 Französisch: »Hier ist es!«
26 Kabiyè: »Hier bin ich. Ich bin Juli!«

ten Knuff, damit es verschwindet. Dann erscheint hinter dem Mann ein Junge, etwas jünger als ich.

»Bist du's tatsächlich, Aninam? Amelés Sohn?« Ich kann es nicht fassen. Da steht er und ich würde ihm am liebsten um den Hals fallen. Doch er erwidert meine Freude kaum.

»Alafıa wɛ?[27]» Er wirkt distanziert.

»Alafia![28]«, antworte ich aus alter Gewohnheit. Der Mann fragt Aninam etwas auf Kabyè.

»Juli gè«, bestätigt Aninam ihm, dass ich es bin. Der Mann setzt ein breites Grinsen auf, bittet mich formvollendet, hereinzukommen. Unsicher schaue ich nach Aninam: Was hält er von der Einladung? Aninam senkt den Blick und nickt. Dann erklärt er:

»Das ist mein Onkel Tchaa. Ihm gehört das Haus. Er lädt dich zum Essen ein. Kannst reinkommen!«

»Bienvenue!«, flötet Tchaa. Ich gebe mir einen Ruck und trete ein. Mit ihren rauen Betonwänden und der spärlichen Möblierung wirken die Räume schlicht, aber sauber. Der Geruch von scharfer Paprika und gekochten Tomaten liegt in der Luft. Aninam schiebt mich in die Küche, in der mehrere Frauen Ignam[XXI] für das Fufu kochen, und plötzlich habe ich den Geschmack meiner Kindheit auf der Zunge. Neben den Frauen blubbern auf mehreren Feuerstellen Soßen. Fleißig helfen auch die Kinder beim Zubereiten, bringen Schüsseln, fächeln das Feuer an, schöpfen Suppe aus den großen Kesseln, stampfen Fufu im großen Bottich und verteilen Fantadosen. Neben den Peperoni schwimmen in der vermutlich extrem scharfen Soße Stücke von Ziegenfleisch und

---

27 »Wie geht es dir?«
28 »Mir geht's gut!«

kleine weiße Auberginen. Bereits vor dem Essen wird ein Glas Sodabi, der togoische Schnaps aus Palmwein, ausgeschenkt. Der brennt in der Kehle, und der Alkohol steigt mir augenblicklich zu Kopf. Ich verschlucke mich, huste wie wild. Hilfesuchend schaue ich nach Aninam. Er hat mich allein gelassen. Stattdessen schlagen mir die beleibten Frauen kräftig auf den Rücken und lachen dabei unerhört laut. Die Kinder, allesamt Mädchen, umringen mich und untersuchen meine Haare. Manche ziehen heftig an den Strähnen.

»Arrète!«

Sie scheinen kein Französisch zu verstehen. Zum Glück versammeln sich jetzt alle um die Töpfe, die die Frauen in der Mitte zusammengetragen haben. Zwei Mädchen bringen Schüsseln mit warmem Wasser. Die Frauen waschen nur ihre rechte Hand darin. Wie man eine Hand ohne Hilfe der anderen waschen kann, weiß ich nicht mehr. Vielleicht wusste ich es auch noch nie. Jedenfalls beginnen die Frauen nun mit diesen rechten Händen den Teig aus Yamswurzeln zu kleinen Bällchen zu formen, in die sie mit den Daumen Vertiefungen drücken. In ihren Händen werden die Bällchen zu kleinen Löffeln, mit denen sie die scharfe Soße aus den Töpfen schöpfen und alles zusammen in ihre Münder schieben. Ich versuche mich zu erinnern, wie ich als Kind mitgegessen habe. Doch an der kochend heißen Soße verbrenne ich mir die Finger. Und auch die Schärfe bin ich nicht mehr gewohnt. Minutenlang bekomme ich kaum Luft. Das Wasser steht mir in den Augen, und ein erneuter Hustenanfall schüttelt mich. Das löst bei den Frauen das nächste, kollernde Gelächter aus, während die Kinder vor Freude herumhüpfen und immer wieder an meinen Haaren ziehen.

»Yowo-Yowo!«[29]

Ich versuche mich zu wehren. Mit einem Ruck erhebe ich mich, um aus der Küche raus zu kommen. Gleich darauf verliere ich das Gleichgewicht. Zwei Frauen stützen mich, begleiten mich zu einer Matte am Rande. Dort legen sie mich ab, während sie die Kinder anschnauzen, mich endlich in Ruhe zu lassen. Erschöpft schließe ich die Augen. Im nächsten Moment bin ich weg, in anderen Sphären, ich habe keine Ahnung, was mit mir passiert.

Die Hitze ist unerträglich, Schweiß läuft mir übers Gesicht, über den Rücken, die Brust, den Bauch, es hat keinen Sinn, die Ströme aufhalten zu wollen. Ich stehe auf einer Lichtung im tropischen Regenwald. Vor mir das langsam fließende Wasser eines Flusses, der sich durch eine immense Fülle tropischer Urwaldriesen schlängelt. Die mächtigen Bäume hängen voller Affen, die wie große Früchte von den Ästen herabbaumeln. Durch das Dickicht erspähe ich Waldelefanten, Zwergflusspferde, Zebraducker. Ich beginne wie automatisch, mich zu entkleiden. Ich weiß nicht, was die anderen von mir denken, es ist mir egal. Vorsichtig wate ich durch das Wasser. Es ist klar bis auf den Grund, wo bunte Kiesel liegen. Es kühlt wunderbar, lockt mich, tiefer hineinzugleiten. Im Nu sind meine Beine übersät von winzigen Fischlein, die sich an mir festsaugen. Ich will schreien, bringe aber keinen Laut heraus. Langsam beruhige ich mich. Die Fische knabbern meine Hornhaut ab! Ich wate durch das wunderbar kühlende Nass zu einem aus dem Wasser ragenden Felsen, klettere darauf und lasse die von Fischen

---

29 »Juhu!«

übersäten Beine im Wasser baumeln. Ein wunderbares Gefühl. Selig schließe ich die Augen. Erst jetzt merke ich, dass es in diesem Regenwald kein einziges Geräusch gibt: Kein Vogel, kein Affe, nicht einmal das Wasser erzeugt einen Ton. Dann höre ich eine Stimme. Sie gehört dem Jungen, dem ich irgendwo schon einmal begegnet bin und der sich Aninam nennt. Wie Amelés Baby.

Aninam

Ich liege auf einer harten Matte in einem kleinen Raum ohne Fenster oder Möbel. Der geräuschlose Regenwald ist wie weggeblasen. Stattdessen sitzt Aninam neben mir. Er spricht leise, bedächtig und in deutscher Sprache:

»Ich glaube, ich muss dir einiges erklären. Bei uns kommt die Familie zuerst, denn ohne den Zusammenhalt sind wir verloren. Es gibt kein anderes Netz, das uns auffangen würde. Wir machen Geschäfte mit euch Weißen, arbeiten für euch, putzen euch – wenn's sein muss – eure Marmorklos, aber wir kehren immer wieder zurück in unsere Familie, in unsere Tradition. Dort teilen wir das Geld, das wir von euch bekommen haben, und erst durch dieses Teilen überleben wir alle, auch die Schwächsten in unseren Familien. Gemeinsam bringen wir Geld auf, um unsere Alten zu ernähren. Für Kranke werfen wir zusammen, damit sie versorgt und notfalls auch ärztlich behandelt werden. Jedes Glied der Familie, oft bis hinab zu den Kleinsten, trägt seinen Teil bei für die ganze Familie. Sonst funktioniert unser System nicht mehr. Das verstehst sicher sogar du.«

Ich versuche den Blick zu Aninam zu heben. Wieso hält er gerade mich für eine *Weiße*, die die afrikanischen Familienverhältnisse nicht versteht? Wieso erzählt er *mir* das? Als ob Aninam meine Gedanken hören könnte, fährt er in entwaffnender Offenheit fort:

»Wenn du das verstehst, verstehst du vielleicht auch Maman, die durch deine Eltern aus unserer Familie herausgerissen wurde. Zunächst war die Familie erleichtert, als Maman berichtete, dass deine Mutter, die ihr absolut vertrauenswürdig erschien, ihr eine neue, ebenso gut bezahlte, aber weniger verwerfliche Arbeit als Haushaltshilfe angeboten hatte. Alle haben sie sehr darin bestärkt, diese Arbeit anzunehmen, denn zunächst zögerte Maman. Sie kannte sich nicht aus mit den Weißen, wusste nicht, was dort von ihr erwartet wurde. Die Familie ermutigte sie, es zu versuchen. Regelrecht überredet haben sie sie, diese Chance zu nutzen.

Als Maman sich entschied, die Arbeit bei euch anzunehmen, forderte mein Großvater ihren Bruder Tchaa auf, sie zu begleiten. Onkel Tchaa lieh sich ein Moped und brachte Maman zu euch. Jeden Morgen brachte er sie und jeden Abend holte er sie wieder ab. Das war sehr teuer für die Familie: die Leihgebühren und der Sprit.

Deine Eltern bewohnten ein großes, von Mauern geschütztes Haus in Kara. Sie hatten alles: ein Auto, einen Wächter und ihr Haus bot so viel Platz, dass unsere ganze Großfamilie darin hätte unterkommen können. Deine Mutter war zunächst nett zu Onkel Tchaa. Am Anfang bat sie ihn sogar herein und bot ihm Tee an. Als er sie auf das Spritgeld ansprach, sagte sie, sie müsse das mit deinem Vater besprechen. Mit dem kam Onkel Tchaa weniger gut klar. Dein Vater lehnte von vornherein ab. Onkel Tchaa versuchte es mit Zureden, aber dein Vater war zu keiner Verhandlung bereit.

Eines Abends passte dein Vater Onkel Tchaa ab und

sagte ihm, dass er für Maman ein eigenes Zimmer in seinem Haus eingerichtet habe und Tchaa sie jetzt nicht mehr bringen brauche. Das fand Onkel Tchaa alles andere als in Ordnung, denn immerhin trug er Verantwortung für seine Schwester. Tchaa sagte deinem Vater, dass Maman nicht deinen Eltern gehöre, sondern in unsere Familie, aber dein Vater bestand darauf, dass das ganz alleine Maman zu entscheiden habe. Also forderte Tchaa Maman auf, die Sache mit Großvater selbst zu klären.

Natürlich war unser Großvater außer sich. Noch am selben Abend musste Tchaa ihn quer durch die Stadt zu deinen Eltern fahren. Und wenn Großvater auf ein Moped stieg, musste es einen triftigen Grund geben. Er klopfte wie wild an euer Tor, so dass der Wächter völlig verschreckt öffnete, ihnen aber das Tor gleich wieder vor der Nase zuknallte. Dann kam dein Vater heraus. Als junger Mann hätte er meinem Großvater mit Ehrerbietung begegnen müssen, aber er war ein Weißer und anscheinend der Meinung, schwarzen Alten keinen Respekt zollen zu müssen. Großvater wollte an ihm vorbei und Maman holen, aber dein Vater stieß ihn einfach zurück, so dass Großvater ins Straucheln geriet. Tchaa versuchte ihm beizustehen. Noch nie hatte er unseren Großvater in einer derart erniedrigenden Lage gesehen. Aber dein Vater war zu stark für ihn. Er war einen Kopf größer als Tchaa und sehr kräftig. Dein Vater schrie, er wolle Großvater und Tchaa nie mehr am Haus sehen. Maman sei bei ihm besser versorgt als in den Hütten unserer Familie. Dann knallte er das Tor zu.

Von da an traf Tchaa Maman nur noch auf dem Markt. Als er dort sah, dass Mamans Bauch sich wölbte, sie ihm aber nicht sagen wollte, von wem das Kind war, verstieß

Großvater sie endgültig. Nachdem ich auf der Welt war, aber nicht in unsere Familie gebracht wurde, begann Großvater deinen Vater zu hassen. Wir Kinder gehören in unserer Kultur nicht allein unserer Mutter, wir gehören der ganzen Familie. Dein Vater aber hielt seine Hand über Maman, als wäre sie seine Tochter. Großvater grollte tagelang, war kaum ansprechbar. Dann holte er seine Geldreserven aus dem Versteck und ließ sich von Tchaa zum Fetischeur am Stadtrand fahren. Dem Alten gab er viel Geld, und der versprach, deinen Vater mit einem Fluch zu belegen, von dem er sich nicht so schnell erholen würde. Dafür aber brauche er ein paar Haare oder Fingernagelreste von deinem Vater.

Da euer Haus wie eine Festung gesichert und von Tomfeï bewacht wurde, wusste Tchaa zunächst nicht, wie er an Haare oder Fingernagelreste von deinem Vater kommen sollte. Großvater aber passte euren Wächter beim Einkauf ab und lud ihn zu einem Hirsebier ein. Tomfeï war mit etwas Geld und Alkohol leicht zu überzeugen. Zudem brachte er Großvater gehörigen Respekt entgegen. Er hatte, wenn deine Eltern außer Hauses waren, Zugang zum Badezimmer. Bei den Fingernagelresten, die er im Abfalleimer des Bades fand, war schnell klar: Die breiten, dicken Daumennagelreste konnten nur von deinem Vater, dem Schreiner, stammen. Die kurzen Haare deines Vaters zupfte er aus der Haarbürste. Mein Großvater entlohnte Tomfeï großzügig für diesen Fund und brachte Daumennagel und Haare umgehend zum Fetischeur. Zu Tomfeï aber hielt Tchaa Kontakt. Und so erfuhr er brühwarm, wie dreckig es bald darauf deinem Vater ging. Es dauerte noch eine Weile, dann verließ deine Familie mit dir fluchtartig das Haus. Tomfeï war zuerst ziemlich sauer. Durch Großvater hatte er seinen sicheren Arbeitsplatz verloren. Aber jedes Ding hat zwei Seiten: Als ihr fluchtartig abzogt, hinterließen deine Eltern Tomfeï wahre Schätze. Alles, was sie nicht mitnehmen konnten, ging in seine Hand über. Da war sein Ärger schnell verraucht.«

»Du hast ja keine Ahnung, was dein Großvater meinem Vater angetan hat! Bis heute ist er seelisch verwundet von eurer Attacke!« Ekel steigt in mir auf. Aber ich schlucke ihn runter, denn er redet schon wieder:

»Deine Eltern hatten Maman auf dem Markt einen kleinen Stand eingerichtet, in dem sie ihre Nähmaschine aufbauen konnte. Tchaa hat sie dort heimlich besucht, denn Großvater verbot ausdrücklich jeden Kontakt zu ihr. Tchaa wusste natürlich, dass auch Großmutter schon zu Maman geschlichen war, um ihr Hilfe anzubieten. Ich wuselte um ihre Füße, die kräftig die Tretnähmaschine antrieben. Später half ich ihr beim Abstecken der Säume und Glätten der Stoffe. Maman war geschickt. Zudem hatten deine Eltern ihr eine Ausbildung zur Schneiderin bezahlt. Ihr Geschäft lief, wodurch wir zwar nicht reich wurden, aber wir konnten davon leben. Und so wies Maman – stolz, wie sie war – alle Hilfsangebote zurück. Selbst als Großmutter ihr anbot, mit Großvater über ihre Rückkehr an den Hof zu verhandeln, lehnte sie ab.

In den politischen Wirren, die auch Kara ergriffen, brannte eines Nachts der große Markt ab. Alles, was darin gelagert war, verbrannte, denn die Feuerwehr schaute dem Brand tatenlos zu. Der Brand brach Maman das Genick. Ihre Nähmaschine war zerstört, die Stoffe, die sie für fremde Leute nähen sollte, waren verbrannt. Die geliehenen Tücher, die sie in ihrem Verschlag zum Kauf angeboten hatte, waren vernichtet. Über Nacht hatte sie nichts mehr, außer einem Haufen Schulden, und die Schuldner waren ihr auf den Fersen. Erstmals nahm sie wieder das Geld an, das Tchaa ihr anbot. Denn inzwischen hatte er den Platz meines Großvaters als Familienoberhaupt eingenommen und verwaltete unseren Familienbesitz.

Maman schlug sich mit Gelegenheitsjobs durch und lebt seither mit mir in einer winzigen Hütte außerhalb der Stadt. Wir haben kein fließendes Wasser, keinen Strom. Unsere Notdurft verrichten wir in ein Loch am Rande des Hofes. Das Wasser, das wir aus dem Brunnen ziehen, ist brackig und verkeimt. Als ich klein war, bekam ich einen Ausschlag, der zu Knoten auf meinen Armen und Beinen wucherte. Immer wieder lag ich krank in der Hütte, und lange machten alle sich Sorgen, ob ich überleben würde. Doch immer wieder erholte ich mich und wurde immer widerstandsfähiger.

Ich bin Mamans Ein und Alles. Auch wenn das Geld oft nicht fürs Essen reichte, zwang sie mich jeden Tag zur Schule zu gehen. Sie kontrollierte meine Hausaufgaben. Das hatte sie bei den Weißen abgeschaut. Bei deinen Eltern hatte sie fleißig Deutsch gelernt und so brachte sie mir zusätzlich noch die deutsche Sprache bei. Als ihre Deutschkenntnisse nicht mehr reichten, bezahlte sie einen arbeitslosen Germanistikstudenten für Privatstunden. Oft bedauerten die anderen mich, weil ich kaum zum Spielen kam. Aber Maman und ich waren ein unzertrennliches Gespann. Tchaa ließ uns immer wieder Geld zukommen. Geld, das ihn wirklich schmerzte, denn auch er hatte nur wenig.

Dann wurde Maman auch noch krank. Zunächst entzündete sich ein Stich zu einer schmerzhaften Schwellung. Nach zwei Wochen bekam sie Schüttelfrost und Gliederschmerzen. Tchaa hatte kein Geld, sie ins Krankenhaus zu bringen, also habe ich einen weißen Arzt geholt, einen von diesen ‚Médecins Sans Frontières', Ärzte, die bei uns als einzige kostenlos arbeiten. Ich sage nicht, dass ihr Weißen nur Schlechtes über uns gebracht habt. Diese ›Ärzte ohne Grenzen‹ sind ein echter Segen. Jedenfalls sagte der junge weiße Doktor, dass es leider nur sehr teure und gefährliche Behandlungsmethoden gegen diese Krankheit gebe, an der die meisten Patienten sterben. Kurz: Eine solche Behandlung konnten wir uns nicht leisten. Der Grund, warum ich deine Eltern angerufen habe, um sie um Hilfe zu bitten.«

»Du hast sie angerufen?« Ich bin total verblüfft.

Er nickt: »Haben dir deine Eltern nichts davon erzählt?«

»Wovon?«

»Deine Mutter hat mich angeschrien. Wirres Zeug von wegen Entführung. Wenigstens erfuhr ich, dass du nach Kara kommst. Dass du im Centre arbeiten würdest, konnten wir uns zusammenreimen. Daher wussten wir, wo wir dich finden würden …«

Das verschlägt mir die Sprache. Hoffentlich ist das hier nur ein böser Traum, denke ich und schließe wieder die Augen …

Schlaf

Als ich das nächste Mal die Augen öffne, schaue ich in Frauengesichter, die mich aus großen Augen anblitzen. Mein Blick gleitet von einem zum nächsten.

»Wo ist Aninam?«

Niemand versteht mich. Ich betaste meinen Kopf, der dröhnt, als habe mir jemand einen Schlag versetzt. Ich finde keine Beule, doch »hey, stopp, was ist das?« Jemand hat mir eine Haarsträhne abgeschnitten! Die gekappte Strähne steht sperrig ab. Zum Glück nur eine Strähne und nicht alle Rastazöpfe, wie bei Claude, als sie ihn in Cotonou überfallen haben. Bin auch ich das Opfer eines Überfalls?

Die Augen der Frauen, die im Kreis um mich herum hocken, registrieren jede meiner Bewegungen. Mit einem Ruck erhebe ich mich, schwanke aber. Auf unsicheren Füßen wanke ich zur Tür. Den kurzen Weg, der mir unter all den Blicken unendlich lang erscheint, habe ich fast bewältigt, als die Tür von außen geöffnet wird. Aninam steht vor mir. Gottseidank! Obwohl: auch er sieht mich seltsam an …

»Gut, dass du da bist!«, stoße ich hervor und falle ihm wie ein nasser Sack in die Arme. Aninam hat alle Mühe, mich wieder aufzurichten.

»Was ist mit deinem Haar?«, fragt er, als wäre das jetzt das Wichtigste.

»Frag doch die Frauen. Die haben daran rumgeschnippelt.« Ich deute auf die abstehende Haarborste.

»Und wo ist jetzt das ›Rumgeschnippelte‹?«

Ich zucke mit den Schultern. Da nimmt Aninam die Frauen in den Blick, eine nach der anderen. Sie beginnen zu reden. Plötzlich reden alle durcheinander. Ich verstehe kein Wort – und dann doch das Wort »Tchaa«.

Der Name des Onkels regt Aninam ziemlich auf. Ohne sich weiter um mich zu kümmern, rennt er durch die Wohnung, ruft aufgeregt nach seinem Onkel. Offenbar vergeblich, denn kurz darauf ist er wieder da:

»Ab jetzt bleibst du besser bei mir!«

Er winkt mir, mitzukommen, und geht los. Doch schon beim zweiten Schritt, den ich ihm folgen will, strauchele ich. Aninam fängt mich gerade noch auf, stützt mich, schleppt mich zur Haustür.

»Was ist denn los?« Mir ist übel, und in meinem Darm grummelt es bedrohlich. Aber Aninam scheint mich gar nicht zu hören. Er winkt jedem Moto, das vorbeifährt. Trotzdem dauert es ein paar Minuten, bis das erste Moped anhält.

»Aufsteigen!«, ruft Aninam, schiebt mich schon auf den Sitz und setzt sich hinter mich. Erst, als wir schon in hohem Tempo Slalom um die Schlaglöcher fahren, taste ich nach meiner Hosentasche.

»Stopp!«

Tatsächlich geht der Fahrer vom Gas.

»Plus vite, plus vite!«, schreit Aninam von hinten. Und der Fahrer gibt sofort wieder Stoff.

»Mein Handy!«

»Holen wir später!«

»Ich muss im Centre Togo-Vision anrufen. Die drehen sonst durch!«

»Quoi?[30]« Der Fahrer glaubt ein neues Fahrziel verstanden zu haben.

»Ayi yoo![31]«, befiehlt Aninam von hinten, und der Fahrer nimmt wieder die bisherige Richtung, die immer weiter durch die Vororte von Kara führt.

»Wie spät ist es?«, schreie ich gegen den Fahrtwind.

»Keine Ahnung!« Aninams Worte kommen stoßweise, denn jetzt holpern wir mit verringerter Geschwindigkeit über eine ausgefahrene Piste. Kurz darauf halten wir vor einer Hütte. Der Verputz bröckelt, das Blechdach sieht rostig und ziemlich verbeult aus. Aninam zahlt den Fahrer, der sofort wendet und davonknattert.

»Wo sind wir?«

»Nicht erschrecken, bitte. Maman ist in keiner guten Verfassung. Sie hat eine sehr schwere Krankheit. Also nicht erschrecken!«

Er klopft an die rostige Blechtür, wartet aber nicht auf Antwort, sondern drückt sie mit einem lauten Quietschen auf. In der Hütte ist es stockdunkel. Ich versuche, meine Augen an die Finsternis zu gewöhnen. Aber auch, als ich besser sehe, scheint mir der kleine Raum bis auf ein paar Stofffetzen am Boden leer.

»Willkommen in der Hölle!«, sagt Aninam und zieht mich hinein in den Raum.

Erst jetzt sehe ich eine leichte Bewegung, die durch das Stoffbündel am Boden geht. Unwillkürlich trete ich näher, um zu erkennen, was sich da regt.

---

30 Französisch: »Was?«
31 Kabiyè: »Nein!«

»Maman schläft dauernd!« Aninam senkt die Lautstärke nicht.

»Amelé?« Ich kämpfe gegen die Tränen an. Vergeblich. Sie fließen hemmungslos, und ich bringe nur ein zittriges Schluchzen heraus.

»Ist sie das wirklich?«

»Sie ist es, auch wenn du sie nicht wiedererkennen wirst!«

Ich trete näher heran, beuge mich weit über sie, taste mich zu ihrem Gesicht vor, streiche über die ledrige Haut, dann brechen alle Dämme. Ich benetze ihr Gesicht mit meinen Tränen.

»Du weißt nicht, wie lange ich dich schon suche. Bitte, sag etwas!«

Einen Moment lang ist es völlig still in der Hütte, dann erklingt ein leises Stöhnen.

»Anne? Gut, dass du da bist.«

»Nein, ich bin's, Juli!« Meine Stimme klingt heiser, brüchig. Ich bin verzweifelt.

»Erkennst du mich noch? Du hast mich getragen, geführt, meine Eltern behaupten, sogar gestillt!«

Es entsteht eine lange Pause, in der ich nicht weiß, ob sie mich überhaupt hört. Oder hat die Krankheit bereits ihr Gedächtnis zerstört? Dann aber höre ich leise ihre Stimme:

»Juli? Wirklich?«

»Jaaaaa!«

»Wie schön!«, flüstert sie und streckt mir die dürren Arme wie zerbrechliche Zweige entgegen.

»Leg dich zu mir. Ich ruh noch ein bisschen aus.« Die dünne Stimme spricht fehlerfrei, wenn auch nicht akzentfrei, Deutsch.

»Juli ist jetzt groß, Maman. Größer als ich«, erklärt Aninam seiner Mutter. Seine Stimme klingt gedämpft, als er sich an mich wendet: »Meistens schläft sie. Sie isst kaum noch etwas. Deshalb ist sie so dünn. Ich füttere sie mit Brei und Wasser. Aber sie kann kaum schlucken, wird immer dünner. Bald ist sie tot, wenn keine Hilfe kommt.«

Während Aninam seine Erklärungen stammelt, richtet sich die dürre »Maman« langsam auf. Im fahlen Licht, das durch die offene Tür hereinfällt, sehe ich eine Frau, die ein zerfetztes Stück Stoff um die Hüfte gewickelt hat. Ihre Rippen stechen heraus, als wären es schon die blanken Knochen ihres Skelettes. Ihre Brüste liegen wie Lappen auf den Rippen. Auch ihr Gesicht ist nicht mehr von dieser Welt, scheint aus dem Totenreich auferstanden, ausgemergelt, die Wangenknochen treten stark hervor, die Lippen sind eingefallen. Lediglich die Augen leuchten. Und diese Augen sind das Einzige, was mich an Amelé erinnert.

»Amelé!«

Mir wird schwarz vor Augen, die Tränen fließen hemmungslos. Ich versuche, mich zusammenzureißen, doch aus meinem Mund kommen nur noch ungeformte Laute, ein Krächzen und Schluchzen. Alles dreht sich. Amelé scheint meine Reaktion gar nicht wahrzunehmen, kommt auf mich zu. Woher nimmt diese Frau noch die Kraft, aufrecht zu gehen? Ich weiß es nicht. Ich staune, wie klein sie ist.

»Sie schläft am Tag und in der Nacht ist sie wach. Und manchmal singt sie. Eine grausame Krankheit, sie stirbt nicht, sie lebt nicht, schon seit Jahren, ich kann es kaum aushalten. Ohne Medizin ist sie so gut wie tot! Der Arzt sagt, die Krankheit kommt mit der Tsetsefliege.«

Amelé hat begonnen, mein Gesicht abzutasten. Sie wischt meine Tränen ab, muss ihre dürren Arme weit hinauf strecken, um mit den knochigen Fingern meine Wangen abzuwandern, an meinen Ohrläppchen zu zupfen, mit harten Fingerkuppen meine Lippen abzutasten, meinen Hals zu streicheln. Ich lasse alles geschehen.

»Du bist Amelé, die wunderbare Frau, die mich auf dem Rücken durch die Straßen und über die Märkte getragen hat. Ich erinnere mich immer noch daran, wie dein Herzschlag klang!«

»Bist du allein? Ist er nicht mitgekommen?«

»Wen meinst du?«

»Schickt er dich endlich?« Die Augen der ausgemergelten Frau flackern unruhig in der Dunkelheit des Raumes.

»Erinnerst du dich gar nicht?«

Müde flüstert sie: »Erinnerungen helfen nicht weiter. Aber Aninam braucht Hilfe!«

Ich suche verzweifelt nach den Bildern von damals, aber das hier hat nichts mit meiner Kindheit zu tun. In wenigen Sekunden zerplatzen all die nostalgischen Wünsche, die ich so lange bewahrt und gehegt hatte. Immer war ich davon ausgegangen, dass Amelé meine Sehnsucht teilen würde. Aber sie wartet gar nicht auf mich. Sie hofft auf jemand anderen. Wer auch immer das sein mag, ich bin es nicht.

»Nein, Maman, ich brauche keine Hilfe, aber du!«

Mühsam flößt Aninam ihr einen dünnen Brei ein, der in einem Topf am Fußende ihres Lagers steht. Die Flüssigkeit läuft ihr übers Kinn, aber sie ignoriert es. Ihre Augen blitzen mich an.

»Es tut mir so sehr leid!« Amelé greift mit kalten Händen nach meinen Armen.

»Was tut dir leid?«

»Wie alles gekommen ist. Ich hätte mich nicht darauf einlassen dürfen. Niemals. Deinetwegen nicht. Ich hätte es wissen müssen. Aber weißt du: Ich war nicht frei!«

»Wie meinst du das?«

Amelés Antwort, falls sie eine gegeben hat, geht im Dröhnen eines Motors unter. Ein Wagen hält direkt vor der Hütte, so dass jetzt noch weniger Licht hereinfällt.

»Tchaa!«, stößt Aninam hervor.

»Est-elle ici?«[32] Tchaas Stimme klingt aufgeregt und übertrieben laut, denn er steht bereits so gut wie in der Hütte. Aninam tritt beiseite. Und schon steht Tchaa vor mir. Ein Lächeln zeichnet sich in seinen Mundwinkeln ab.

»Très bien, ihr habt euch schon begrüßt. Dann hast du vielleicht bemerkt, dass es nur noch eine Frage der Zeit ist, bis sie stirbt. Außer du hilfst. Wie ich sehe, versteht ihr euch noch immer gut. Ganz sicher wirst du ihr helfen. Oder irre ich mich?«

»Ich würde nichts lieber tun, als ihr helfen! Leider bin ich keine Ärztin.«

»Pas de problème, ma petite.[33] In Afrika haben wir genug Ärzte. Was uns fehlt, sind die Medikamente, die ihr uns vorenthaltet.«

»Aninam braucht keine Medikamente. Er braucht eine Zukunft!«, stöhnt Amelé.

»Nein, Maman, du brauchst Medikamente!«, stellt Aninam klar. Tchaa ignoriert den Wortwechsel der beiden und wendet sich mir zu.

---

32 »Ist sie hier?«
33 »Kein Problem, meine Kleine ...«

»Amelé kann mit unseren Medikamenten nicht gerettet werden. Wir haben schon viel Geld verloren mit wirkungslosen Behandlungen. Weder der Fetischeur noch ‚Médecins Sans Frontières' konnten helfen. Sie sagen, nur die allerneusten europäischen Medikamente können das. Und damit kommst du ins Spiel!«

»Was kann ich tun?«

»Es gibt ja inzwischen kleine, viereckige Buschtrommeln, die unsere Nachrichten über Kontinente hinweg senden. Und zwar in Sekundenschnelle.«

»Was für Buschtrommeln?«

Statt einer Antwort zieht Tchaa mein Handy aus der Tasche.

»Das hast du mir geklaut!« Ich will sofort danach greifen. Doch er zieht es mir weg.

»Beruhige dich, ich habe es nur geliehen. Du kriegst es wieder, versprochen. Erstmal aber will ich, dass du zuhause anrufst.«

»Zuhause?«

»Genau! Sag deinen Eltern, dass du hier bist, in Amelés Hütte. Sag ihnen, wie es um Amelé steht. Und dass du bei mir wohnst. Bei Tchaa Beleï. Und dass wir ein Medikament brauchen, um Amelé zu retten. Kannst du dir das merken?«

»Okay!«, sage ich. Tchaa hat mich komplett überrumpelt. Amelés Zustand lässt mich allerdings kaum zweifeln, dass die Zeit drängt. Ich entsperre mein Handy und klicke auf Mamas Nummer. Keine Verbindung.

»Versuch's mal mit der Vorwahl von Deutschland!« Tchaa wirkt ruhig und freundlich. »0049!«

Ich setze die Vorwahl vor Mamas Handynummer. Immerhin komme ich jetzt nach Deutschland durch. Es klingelt. Ein seltsamer Moment, der mir klarmacht, wie weit ich mich auch innerlich entfernt habe. Keine Ahnung, welche Temperatur jetzt dort herrscht. Keine Ahnung, ob Mama und Papa vor Angst um mich bereits keinen Schlaf mehr finden. Mitten in diese etwas melancholischen Überlegungen knackt es in der Leitung. Die Klingelzeichen verstummen.

»Anne Heller!« Mamas Stimme überwältigt mich, berührt mich bis tief ins Herz. Tränen steigen mir in die Augen. Wie sehr ich sie liebe, spüre ich in diesem Augenblick mehr denn je.

»Mama!« Meine Stimme klingt halb verheult, halb wie die eines Babys.

»Juli, bist du's? Wo bist du?«

»In Kara bei …«

Tchaa hat sich unbemerkt genähert und nimmt mir entschlossen das Telefon aus der Hand:

»Bonjour Madame Heller. Voici Tchaa, le frère d'Amelé[34]. Vielleicht erinnern Sie sich an mich, obwohl es über fünfzehn Jahre her ist, dass ich Ihnen regelmäßig meine Schwester brachte. Damals war ich mit einem geliehenen Moped unterwegs, und Sie haben sich geweigert, den Sprit zu bezahlen. Überhaupt wollten Sie keinen Franc für unsere Familie rausrücken, weshalb wir damals einige Meinungsverschiedenheiten hatten. Peut-être que tu te souviens de moi.[35]«

»Was wollen Sie?« Mamas Stimme, eben noch so weich und mütterlich, verhärtet sich zu einem scharfen, entschlossenen Zischen.

»Nun, damals habt ihr uns meine Schwester entführt,

---

34 Hier ist Tchaa, der Bruder von Amelé.
35 Vielleicht erinnerst du dich an mich.

bis ihr sie uns mit einem Kind zurückgegeben habt.« Tchaas Stimme klingt süffisant, fast amüsiert.

»Ihre Schwester wollte mit dem Kind nicht bei uns bleiben. Wir konnten und wollten sie nicht dazu zwingen!«

»Wenn ihr sie schon nicht halten konntet, wäre es zumindest eure verdammte Pflicht gewesen, für das Kind aufzukommen.«

»Wir haben getan, was wir konnten!«

»Wenn das wahr wäre, hättet ihr zumindest mal nach dem Vater des Kindes geforscht. Denn wenn schon ihr nicht für das Kind aufkommen wolltet, dann hätte wenigstens er es tun können. Oder sind bei euch in Europa die Gesetze anders?«

»Das ist alles sehr, sehr lange her. Was wollen Sie von mir?«

»Ist das so schwer zu erraten? Mein Neffe hat doch extra bei ihnen angerufen. Aber Sie haben ihn ja abblitzen lassen!«

Ich schlucke: Dann ist tatsächlich wahr, was Aninam berichtet hat: Sie haben ihn einfach abgeblockt! Unfassbar! Doch Tchaa spricht schon weiter:

»Wir jedenfalls verstoßen Kinder nicht. Im Gegenteil, wir nehmen sie auf und versorgen sie, so wie Juli.«

»Lassen Sie mich mit Juli sprechen!«

»Kein Problem!« Tchaa gibt mir das Handy zurück.

»Mama, bitte mach dir keine Sorgen. Es geht mir gut, ist alles nur ein bisschen verwirrend. Wirklich schlecht geht es aber Amelé. Du würdest sie nicht wiedererkennen.«

»Amelé ist bei dir?«

»Ja, willst du mit ihr sprechen?«

»Sag erst, ob es dir wirklich gut geht!«

»Um mich geht es gar nicht. Amelé ist krank. Sehr krank. Ich befürchte, ohne eure Hilfe wird sie nicht mehr lange leben.«

Doch Amelé ist hinter mich getreten. Sie zieht meine Hand mit dem Handy an ihren Mund.

»Anne, hör nicht auf sie. Ich brauche nichts. Aber ihr müsst euch endlich um Aninam kümmern!«

Ich ziehe das Telefon wieder zu mir.

»Mama, vielleicht hast du sie erkannt. Das war Amelé. Sie braucht ein teures Medikament, das man nur in Europa kriegt. Meinst du, ihr könntet das besorgen und hierher schicken?«

»Gut, ich versuche mein Bestes. Wie heißt es und wohin soll ich es schicken?«

Tchaa übernimmt das Telefon mit einem gönnerhaften Lächeln.

»Hallo, hier bin ich wieder. So blöd, euch unsere Adresse zu geben, sind wir nicht. Da hätten wir eine halbe Stunde später die Polizei am Hals! Wir brauchen dringend das neue Medikament gegen die Schlafkrankheit. Schick es an eure Tochter, Poste Restante, Kara, Togo!«

»Was haben Sie mit Juli vor?«

»Sobald wir es haben, kann Juli gehen, wohin sie will.«

Mama verliert die Fassung. »Ich bringe Sie wegen Entführung vor Gericht, Sie Schwein! Sie sind ein ganz primitiver Kidnapper!«

»Und was bist du? Lockst meine Schwester in dein Haus, siehst zu, wie sie schwanger wird und lässt sie dann mit dem Kind im Stich. Also erzähl mir nichts von wegen Kidnapper. Wir haben einfach keine andere Wahl. Und apropos Geiselnahme: Juli ist unserer Einladung freiwillig gefolgt. Sie ist ja auch zum Freiwilligendienst nach Togo gekommen. Natürlich freiwillig, sonst wär's ja kein Freiwilligendienst!«

Ich deute Tchaa an, dass ich das Telefon wieder übernehmen will.

»Mama, es ist wirklich dringend. Bitte lass Amelé nicht warten. Du hast doch immer gesagt, wie gerne du sie mochtest!«

»Juli, nimm Vernunft an. Diesen Leuten ging es noch nie um Amelé, sondern immer nur darum, dich in ihre Hände zu kriegen, um uns zu erpressen.«

»Er will nur die Medizin, Mama!«

»Nein, vor allem will er Geld!«

»Du willst also nicht helfen? Auch nicht mir zuliebe?«

Tchaa greift nach dem Handy.

»Juli, ich hol dich da raus. Das verspreche ich dir!« Ich höre Mamas Stimme nur noch von fern. Dann beendet Tchaa das Gespräch ohne Abschiedsgruß und steckt das Handy in die Tasche seines Boubous.

»Hey, gib mein Handy zurück!« Aber Tchaa schüttelt den Kopf:

»Je suis désolé[36], aber das kann ich nicht riskieren. Wenn deine Eltern geliefert haben, bekommst du das Handy zurück, das verspreche ich. Jetzt aber musst du mitkommen!«

»Wohin?« Mir wird schwindelig. »Sperrt ihr mich jetzt ein?«

»Nein, du kannst dich frei bewegen. Ich muss allerdings verhindern, dass du in dein Projekt zurückkehrst und uns ans Messer lieferst. Das wirst du verstehen.«

---

[36] Tut mir leid, ...

Aber ich verstehe gar nichts. Tränen steigen mir in die Augen.

»Jetzt mach es uns nicht zusätzlich schwer. Wir tun dir nichts, aber deine Eltern müssen endlich helfen.«

Mit diesen Worten, die mich in keiner Weise beruhigen, schiebt Tchaa mich Richtung Tür. Ich stemme mich gegen ihn, will bei Amelé bleiben.

»Hast du mir die Haarsträhne abgeschnitten?«, zische ich ihn an.

»Ist nur zur Sicherheit. Falls auch du auf die Idee kommst, dich aus dem Staub zu machen.«

»Ich möchte bei Amelé bleiben!«, sage ich. Sie hockt nun wie ein schlaffes Bündel vor ihrem Lager.

»Geh mit ihm!«, sagt Aninam. »Ist besser so!«

»Aninam wird dich holen«, murmelt Amelé so leise, dass man ihre Worte mehr ahnt als hört. Aber ich sehe, dass auch Aninam Amelés Worte gehört hat und fast unmerklich nickt. Das zumindest beruhigt mich etwas, zumal Aninam mich jetzt zu Tchaas Rostlaube begleitet. Tchaa deutet an, dass ich hinten einsteigen soll. Aninam bleibt zurück vor der Hütte seiner Mutter. Kurz sehe ich ihn noch dort stehen, schmal und verloren, dann biegt Tchaa um die nächste Ecke. Ich wende mich von hinten an ihn. Der Wagen macht dermaßen Krach, dass ich vom Rücksitz schreien muss.

»Du machst alles nur noch schlimmer!«

»Désolé, mais c'est mon problème!«[37]

»Mir geht es doch genauso um Amelé wie dir!«

»Je sais cela![38] Deshalb wirst du hoffentlich kooperieren und uns in deinem Projekt nicht anschwärzen. Ich möchte,

---

37 »Tut mir leid, aber das ist mein Problem!«
38 Das weiß ich!

dass du im Centre Togo-Vision anrufst und sagst, dass du es dir anders überlegt hast. Denk dir was aus. Du hast ein besseres Projekt gefunden, oder du willst lieber in Togo rumreisen. Irgendwas, damit sie nicht die Polizei rufen.«

»Ich werde sagen, dass ich nicht ins Centre zurückkomme.«

»Aninam wird deine Sachen im Centre abholen!«

»Gib mir zuerst mein Handy!«

»Tu es folle?«[39] Er hält an und tippt die Nummer des Centre in sein eigenes Handy. Als die Verbindung zu Moise steht, gibt er mir das Telefon.

»Hi, ich komme nicht mehr zur Arbeit!« Ich erwarte, dass Moise jetzt ausflippt. Aber er sagt nur: »Tu, was du willst!«

»Jemand wird meine Sachen holen!«

»Okay!«

»Tut mir leid!«

»Bitte keine Lügen! Uns reicht schon, dass ihr Europäer hier reinspaziert, gleich großspurig das Maul aufreißt und dann ganz schnell hinschmeißt! Du glaubst nicht, wie oft uns das schon passiert ist. Wir aber können nicht gehen, wenn uns was nicht passt. Wir müssen hierbleiben und arbeiten!«

»Ich wünsche euch Glück!«

»Wünsch uns lieber eine Freiwillige, die bereit ist, anzupacken, auch wenn es hart zugeht!«

»Ich hoffe, Kathi macht euch weniger Probleme!«

»Das hoffe ich auch. Au revoir!«

Ich gebe Tchaa widerwillig sein Telefon zurück.

»Sehr gut. Ich sehe, wir ziehen am selben Strang!«

---

39 »Bist du verrückt?«

182

Das Leben der Frauen

Tchaa ist der unangefochtene Herr über sein Haus und seinen Hof. Vom ersten Tag an, den ich unter seiner Obhut auf dem Hof verbringe, ist das unverkennbar, denn er thront im Schatten des großen Mangobaumes vor seinem Haus. Immer wieder gehe ich zu ihm und frage, ob er Neuigkeiten von Mama und Papa hat, ob sie das Medikament, dessen Namen wir nicht einmal kennen, ausfindig gemacht und abgeschickt haben. Tchaa sagt, dass er jeden Tag mein Handy überprüft, aber genau wie ich vergeblich auf eine Nachricht wartet. Ich frage ihn, ob ein Claude geschrieben hat. Aber er verneint. Wie auch sollte Claude ohne sein Handy an meine Handynummer kommen?!

Rund um den Hof gruppieren sich einstöckige Gebäude, in denen Tchaas Kinder und Enkel wohnen, wobei die Frauen streng getrennt von den Männern schlafen und sich ihr Lager mit den kleinen Kindern teilen. Auch für mich ist eine Matte ausgelegt, die sie mit Stoffen etwas ausgepolstert haben. Sie vermuten, dass ich nicht so hart liegen kann wie sie. Mir macht aber nicht das harte Bett Sorgen, sondern der Gedanke an Amelés Zustand. Wie schwach, wie ausgemergelt und um ihren Sohn besorgt sie ist. Wir müssen ihr helfen, alles andere ist unwichtig.

Die ständige Nähe der Frauen raubt mir zusätzlich den Schlaf. Wenn die einen früh morgens vom Nachtmarkt zurückkehren, stehen die anderen schon wieder auf, um das erste Essen vorzubereiten. Zwischendurch krabbeln die Kinder über mich hinweg.

Der Rhythmus der Stößel in den Mörsern hallt von Sonnenaufgang an über den Hof. Anfangs weckt er mich und erinnert mich schmerzhaft an eine unbeschwerte Zeit, die es nicht mehr gibt. Ich halte mir die Ohren zu und höre trotzdem, was ich nicht hören will. Also gehe ich hinaus zu ihnen. Zu dritt stampfen die Frauen rhythmisch den Brei in den Mörsern. Sie stampfen gekochte Yamswurzeln, die überdimensionalen Kartoffeln gleichen und denen sie Kochbananen beimengen. Ich nehme einen Stößel und sage, dass ich mitarbeiten will. Das ist allemal besser, als Trübsal zu blasen. Eine schweißtreibende Arbeit bei gefühlt 40 Grad im Schatten. Mit ganzer Körperkraft stoßen wir auf die Früchte ein. Eine halbe Stunde oder länger. Ab und zu kommt ein wenig Wasser dazu. Das ist alles. Bis eine zähe, weiche, gleichförmige Masse entsteht. Fufu, dessen Geschmack ich noch aus meiner Kindheit auf der Zunge habe.

Tagsüber dreht sich das Leben der Frauen ums Kochen. Die Küche besteht nur aus ein paar Mörsern und großen Töpfen. Gekocht wird unter freiem Himmel auf drei Steinen, zwischen denen Holzglut glimmt.

Einige Frauen an Tchaas Hof verkaufen in den frühen Abendstunden vor der Haustür Snacks und Erfrischungsgetränke: Bizapsaft[XXII], Teigbällchen und Kuskus-Eis. Diesen Imbiss müssen sie tagsüber vorbereiten. Um die Zutaten zu erstehen, gehen sie immer wieder auf den Markt. Ich wundere mich, warum sie keine größeren

Vorräte anlegen, um seltener einkaufen zu müssen. Aber die Frauen verstehen meine Frage nicht. Zunächst, weil sie nicht wissen, warum sie Zeit sparen sollten. Schließlich erklären sie, dass sie auch nicht genug Geld haben, um Vorräte zu kaufen, doch mir scheint, der Markt ist vor allem ein Treffpunkt, eine willkommene Abwechslung vom recht eintönigen Leben auf dem Hof.

Endlich kann ich auch meine Wäsche waschen. Seit einiger Zeit befindet sich in meinem Gepäck, das sie mir gebracht haben, nicht einmal mehr eine saubere Unterhose zum Wechseln. Zwei große Bottiche mit kaltem Wasser ersetzen die Waschmaschine. Als Waschmittel benutzen wir Kernseife oder bei starkem Schmutz *Javel*, ein stinkendes, chlorhaltiges Reinigungsmittel. Die eingeweichten und gewaschenen Kleider kommen in den Bottich mit klarem Wasser und werden darin gründlich ausgespült. Die Frauen haben eine beeindruckende, kräftezehrende Technik für das Auswringen, die ich nur langsam lerne.

Mit mir gehen sie locker um, scherzen, schlagen mir schon mal kräftig auf den Hintern und fragen mit ihren Brocken Französisch, ob ich einen Freund habe, einen heimlichen Geliebten.

»Ja klar!«, sage ich und versuche, mir die quälenden Gedanken an Claude nicht anmerken zu lassen. Ich spüre, dass sie mich praktisch nie aus den Augen lassen.

»Würdet ihr mich wenigstens zu Aninam bringen?«, frage ich schließlich. Bedauernd schütteln sie die Köpfe. Ganz und gar ausgeschlossen! Sie haben die klare Weisung, nichts ohne Tchaas Einwilligung zu tun.

Doch ein paar Tage später knattert ein Moped auf den Hof.

Zunächst sehe ich nur den mir wohlbekannten Motofahrer, der bisher immer wie von Zauberhand aufgetaucht ist, wenn ich ein Taxi gebraucht habe. Hinter ihm gleitet eine schmale, tief verhüllte Gestalt behutsam vom Mopedsitz, um den Blick freizugeben auf Aninam, der sie stützt.

»Amelé!«

Ich sehe, wie Aninam seine Mutter führt, doch sie schiebt seine Hand weg und geht ohne Hilfe. Den Kopf reckt sie dabei stolz in die Höhe, und ihren Blick richtet sie eindringlich auf mich. Ich eile ihr entgegen. Amelé fällt mir in die Arme. Unter den Stoffen, die sie sich – für die Mittagshitze viel zu warm – umgeschlungen hat, spüre ich einen zerbrechlichen Körper, der aus nichts als Haut und Knochen zu bestehen scheint.

»Wir machen ein paar Besorgungen auf dem Markt«, sagt sie.

»Maman!« Aninam versucht sie offenbar schon länger zur Vernunft zu bringen. Aber Amelé beachtet ihn nicht. Sie greift meine Hand und zieht mich zum Moped.

»Alafia!«

Mit ein paar deutlichen Worten gebietet sie mir aufzusteigen. Dann schiebt sie sich mühsam zwischen den Fahrer und mich.

»Zum Markt!«, ruft sie dem Fahrer zu.

»Maman, bitte, hör auf damit!«, schreit Aninam. Da fahren wir schon, zu dritt und ohne Aninam. Wir sind auf dem Weg zum neuen Markt außerhalb von Kara. Doch Amelé gibt dem Fahrer einen neuen Befehl. Der Junge ist irritiert, hält am Straßenrand.

»Der Markt ist nicht mehr im Zentrum!«, erklärt er, als hätte er es bei Amelé mit einer Touristin zu tun. Doch sie lässt sich nicht abbringen, befiehlt dem Fahrer, zum alten Markt zu fahren. Wir fliegen nun in Richtung Stadtzentrum, und ich schlinge von hinten die Arme um Amelé, lege den Kopf auf ihre knochige Schulter.

»Meine kleine Juli! Alafıa wɛ?[40]« Amelés Stimme klingt kräftig wie damals.

»Yáá, alafıa![41]«, antworte ich mit hoher Stimme. Mir ist, als spreche meine Kinderstimme aus mir. Und wenn ich die Augen schließe, sehe ich mich als Kind an Amelés Rücken kleben, wie damals, wenn Amelé mich über den Markt trug.

»Kann sein, dass ich etwas zu schwer geworden bin«, flüstere ich in den Fahrtwind.

»Dich trage ich bis ans Ende der Welt!«

Ich weiß nicht, ob dies Amelés Worte sind oder Worte, die in meinem Gedächtnis geruht haben und jetzt wieder hochkommen. Das ist irritierend, denn Amelé, oder die Erinnerung an sie, spricht weiter:

»Wie lange ich auf euch gewartet habe! Aber jetzt bist wenigstens du wieder da. Lass uns auf den Markt fahren. Ich möchte dir ein schönes Kleid nähen. Das schönste Kleid, das du je hattest!«

»Amelé, der Markt ist abgebrannt!«

»Na und? Du warst auch weg und bist jetzt wieder da. Warum sollte der Markt nicht ebenfalls wieder da sein?«

Ich hebe den Kopf von Amelés Schulter. Meine Nanny macht mir plötzlich Angst. Ist sie überhaupt noch von dieser Welt?

»Bring uns lieber zurück!«, rufe ich dem Fahrer zu. Der aber biegt gerade schwungvoll von der »Avenue du Général Gnassingbé Eyadéma« in eine kleinere Straße

---

40 Kabiyè: Wie geht es Dir?
41 Mir geht es gut!

ein und bremst so scharf, dass ich an Amelés Rücken gepresst werde. Ich fasse sie unter den Achseln und hebe sie fast vom Sitz. Dann lasse auch ich mich vom Moped gleiten, ohne Amelé auch nur einen Moment loszulassen. Mit einer Hand krame ich ein paar Francs aus der Tasche, reiche sie dem Fahrer, der kurz nickt und schon weiterfährt. Was mich jetzt wirklich überrascht, sind die vielen improvisierten Stände entlang der Absperrung, die das ehemalige Marktgelände einfasst. Dort, wo einst der Markt war, klafft mitten in der sonst so dicht bebauten Stadt eine Freifläche, als habe man die Brandwunde lieber offenhalten wollen. Doch die Marktfrauen mit ihren Yamswurzeln, Plastikschuhen, Konservendosen, aufgehäuften Zwiebeln, Erdnüssen, Tomaten, Palmöl belagern den Ort noch immer, als wäre er nie abgebrannt. Auch Amelé ignoriert die Abwesenheit des Marktes. Noch immer habe ich von hinten die Arme um sie geschlungen und stütze sie. Es muss ein seltsamer Anblick sein: Eine dürre, kleine Afrikanerin scheint ein ausgewachsenes, *weißes* Mädchen auf dem Rücken zu tragen. Tatsächlich aber bin ich es, die Amelé auf den Beinen hält, denn ich spüre, wie Amelés Kraft schwindet, wie sie ein ums andere Mal zusammenzusacken droht. Aber nach außen, zu den Marktfrauen hin, grüßt sie überschwänglich: die perfekte Schauspielerin. Die meisten Frauen hier scheinen sie zu kennen, fragen nach der Gesundheit.

»Gut, überhaupt kein Problem!«, flötet Amelé, während ich alle Mühe habe, sie auf den Beinen zu halten.

»Wo ist meine Nähmaschine, wo sind meine Stoffe?«, flüstert sie mir zu.

»Verbrannt!«

Ich habe Angst, Amelé könnte endgültig zusammenbrechen, wenn ihr klar wird, dass ihr Nähstudio und die alten Zeiten unwiederbringlich vorbei sind. Aber Amelé wankt unbeirrt weiter. Nach den Gemüse- und Obstständen passieren wir geräucherte Fische und auf den Tischbohlen ausgelegte Fleischstücke, an denen sich Schwärme von Fliegen laben. Kräuter, Gewürze, Berge gerösteter Heuschrecken sehe ich – lebende Tiere, Autoreifen, Plastikartikel. Schließlich noch einige Haufen Altkleider, Spenden aus Europa, die hier weiterverkauft werden.

»Brauchst du etwas?« Ich würde gerne die Verkaufsstände verlassen, bevor Amelé sich wieder an ihre Nähmaschine erinnert. Aber Amelé stoppt abrupt.

»Ich brauche Medizin!«

Tatsächlich ist der Tisch vor uns mit Blistern und losen Tabletten übersät.

»Tonou daa yo, Amelé?«, fragt die kräftige Verkäuferin nach Amelés Befinden.

»Alafia!« Ihr gehe es gut, sagt Amelé. Nur etwas müde sei sie. Deshalb könne sie mich nicht wie sonst auf dem Rücken tragen. Die Tablettenverkäuferin nickt nachsichtig. Aber Amelé fährt unbeirrt fort: »Hast du inzwischen das Medikament gegen die Schlafkrankheit?«

»Leider nein, aber ich habe Nachschub bestellt. Komm morgen wieder vorbei!« Die Verkäuferin zwinkert mir zu. Ich finde diesen Scherz aber überhaupt nicht lustig. Offenbar halten die Frauen Amelé bei Laune, indem sie ihr eine Normalität vorgaukeln, die es schon seit mehr als zehn Jahren nicht mehr gibt.

»Bìsùmi gà taa!«, verabschiedet die Verkäuferin Amelé. Bis morgen!

»Na ame kpoŋ!⁴²«, antwortet Amelé.

»Lass uns was trinken gehen«, schlage ich vor. Die Begegnungen am Rande des ehemaligen Marktes wirken gespenstisch. Außerdem wird mir Amelé, so ausgemergelt sie auch ist, allmählich zu schwer. Der Schweiß, der an uns beiden herunterläuft, verklebt uns, als wären wir eine triefende Einheit aus vier Beinen und zwei Köpfen.

»Hier ganz in der Nähe gibt es doch das ›Palais‹, in dem Mama und Papa gerne Pizza gegessen haben.«

»Meinst du, wir treffen Anne und Michael dort?« Ich spüre, wie ein Zucken durch Amelé fährt. Wie ein Stromschlag. Ich weiß nicht, ob diese Aussicht Amelé eher beglückt oder verschreckt.

»Die müssen doch arbeiten!«, sage ich schnell.

»Ach ja, deshalb bist du ja auch bei mir!«

---

42 Kabiyè: »Geh in Frieden!«

Das Palais

Tatsächlich gelingt es uns, den Weg zu dem Restaurant zu finden, an dessen Treiben und dessen vorzügliche Pizza ich so wunderbare Erinnerungen habe. Nicht alles in dieser Stadt scheint abgebrannt oder verfallen zu sein. Das *Palais* sieht von außen noch aus wie vor dreizehn Jahren, wenn auch alles, was damals groß und glänzend erschien, jetzt klein und ziemlich verstaubt wirkt. Laute Musik schallt uns entgegen. Afrikanischer Pop. Es ist geöffnet! Ich schiebe Amelé Schritt für Schritt hinauf auf die Veranda. An einem Tisch nehmen wir Platz. Ich schaue mich nach der Bedienung um. Zwei Kellnerinnen liegen auf Sofas.

»Pardon! Gibt's eine Speisekarte?«

Eine der beiden nickt und bringt uns zwei Speisekarten. Da gibt es neben einer seitenlangen Auswahl von Pizzas auch Schnitzel paniert und Schnitzel natur, mit Pommes und Salat, »deutsche Frikadellen«, Leberkäse, Koteletts, »großes gegrilltes Eisbein« und Schweinebraten in Soße. Die Karte ist auf Deutsch und Französisch verfasst. Kurz überlege ich, einfach zum Spaß Eisbein zu bestellen, verlege mich dann aber doch lieber auf eine einfache Pizza. Amelé sucht ziemlich hilflos zwischen all den deutschen Gerichten nach etwas Afrikanischem.

»Nimm Pizza. Das Palais ist berühmt dafür!« Ich erinnere mich jetzt immer deutlicher, wie ich mit meinen Eltern hier draußen auf der Veranda saß. Es war dunkel auf der Straße, und auch auf der Veranda leuchteten nur schwache Funzeln. Dafür brachte der deutsche Wirt uns riesige Pizzas, von denen ich heute nicht mehr weiß, ob sie wirklich den halben Tisch einnahmen, denn damals konnte ich gerade mal über den Tischrand blicken.

»Fufu!«, bestellt Amelé.

»Ham wir nich!«

»Spaghetti!«

»Auch nicht!«

»Was habt ihr?«

»Pizza!«

»Prosciutto!«, bestellt sie nun.

»Margherita!«, rufe ich der Bedienung hinterher, die sich bereits entfernt. »Und zwei Cola!«

Ich schlendere, begleitet von Amelés liebevollem Blick, ins Innere des Restaurants, zu einer Bar mit langem Tresen, mit Musik, Plüschsesseln und Sofas zum Abhängen. Und hier, im Dämmerlicht, steigen weitere Bilder in mir auf. Wie ich damals aus der sicheren Deckung eines Plüschsessels die schönen Frauen beobachtet hatte, die hier tanzten. Die Musik war eine Mischung aus afrikanischer und europäischer Popmusik, und die Frauen ließen ihre Hintern kreisen, die mir damals beängstigend groß erschienen. Niemand beachtete mich, und das war mir recht. Denn niemand dachte daran, mich ins Bett zu bringen. Stattdessen konnte ich die vielen *weißen* Männer beobachten, in meinen Augen eher Opas.

»Du denkst an damals!« Amelé steht hinter mir. Im Lärm der Musik habe ich sie nicht kommen hören. Sie lässt sich auf ein Sofa sinken und will mich zu sich auf den Schoß ziehen. Das kann ich gerade noch verhindern.

»Anne hatte oft keine Lust, hierher zu kommen. Weil alle hier nur soffen. Dann hat dein Vater mich gefragt, ob ich ihn begleiten wolle. Anne hatte nichts dagegen, also ging ich mit. Ab und zu gingen wir auch zu dritt,« Amelé schaut versonnen in den dämmrigen Raum.

»Für mich war das hier wie ein verrückter Film: Da waren die Amerikaner, die nur über den Vietnamkrieg redeten, den sie als Piloten mitgemacht hatten. Seither standen sie auf Asiatinnen. Französische Militärs in Uniform machten, vollkommen betrunken, am Tresen Waffengeschäfte. Jeder konnte zuhören. Neben ihnen betranken sich deutsche Entwicklungshelfer, Kollegen deines Vaters. Kfz-Mechaniker, Maurer, Schreiner. Nette junge Handwerker eigentlich, aber sie waren so betrunken, dass ich mich von ihnen fernhielt. Um einen Deutschen machten wir Togoerinnen einen besonders weiten Bogen: Ein hinkender Mann, in seinem Vorleben Löwenbändiger in einem deutschen Zirkus. Angeblich hatten ihn die Löwen angefallen und zum Krüppel gemacht. Der Diktator Eyadéma hatte ihn für die Löwen in seinem Privatpark eingestellt und bezahlte ihn höchstpersönlich. Dieser Deutsche liebte Eyadéma, weil der seine Tierliebe teilte. Er war immer betrunken und alle wussten, dass er seine meist jungen Angestellten zwang, mit ihm zu schlafen. Hier saß er, schimpfte auf alle, und alle gingen ihm aus dem Weg.

Richtig still wurde es allerdings, wenn die *weiße Frau* den Raum betrat. Die Vietnam-Gespräche verstummten, die französischen Militärberater unterbrachen ihre Verhandlungen und verdrehten die Köpfe, die jungen deutschen Entwicklungshelfer schluckten trocken, irgendjemand drehte die Musik runter und sogar der Löwenbändiger hielt die Luft an. Nur der ewig betrunkene, deutsche Wirt pfiff durch die Zähne. Die schöne *weiße Frau* war deine Mutter. «

»Wow!« Ich kann kaum glauben, wie gut Amelé noch immer Deutsch spricht und wie klar und lange sie reden kann, ohne zu ermüden. »Dass du das alles noch so gut weißt!«

»Du meinst: Obwohl ich todkrank bin?«

»Deine Krankheit ist heilbar. Meine Eltern besorgen das Medikament.«

»Das glaube ich kaum. Viel wichtiger ist mir, dass sie sich endlich um Aninam kümmern. Er braucht eine gute Ausbildung und Startkapital. Sonst geht er hier vor die Hunde!«

»Weshalb hast du uns damals verlassen?«, stelle ich endlich und zum ersten Mal die Frage, die mich mein halbes Leben lang nicht losgelassen hat.

»Wo bleibt unser Essen? Und hattest du nicht Cola bestellt?« Amelé weicht aus.

Ich winke den Kellnerinnen.

»Diese Kellnerinnen hier bekommen ihren vereinbarten Lohn nicht«, erklärt Amelé.

Gerade überlege ich, in die Küche zu gehen, da dringt eine wohlbekannte Stimme von der Straße zu uns in die Bar.

»Juli! Sommermonat!«

Ich springe auf und laufe auf die Veranda, kann aber in dem Gewimmel von Mopeds und Passanten, von dicken SUVs und dröhnenden Lastwagen vor dem Palais nicht erkennen, wer da ruft. Dann aber sehe ich ein Paar, das sich den Weg durch das Gedränge bahnt.

»Kathi!« Sie zieht Etienne, den trinklustigen Rasta, mit dem auch ich schon Bekanntschaft machen durfte, hinter sich her. Er folgt ihr widerwillig, wahrscheinlich, weil er mich wiedererkennt. Kathi aber ist überglücklich und unübersehbar stolz, mich in Kara wiedergefunden zu haben.

»Wo steckst du die ganze Zeit? Es ist so viel passiert!«

»Sorry, ich konnte mich nicht von dir verabschieden. Arbeitest du noch im Centre Togo-Vision?«

»Ja! Dich haben sie bisher auch noch nicht aus der Liste der Beschäftigten gestrichen. Du kannst jederzeit zurückkommen. Das ist übrigens Etienne!«

»Ich weiß!«

»Total süßer Typ. Und ein echter Rasta. Wie du!«

»Ich hab nur Dreadlocks und mag Reggae.«

»Na, er auch!«

»Er mag vor allem unser Geld!«

Irgendwie versteht Etienne die deutsche Unterhaltung. Widerwillig schaltet er sich ein: »Bullshit!«

»Er ist sooo witzig!«, trällert Kathi, so als hätte sie meine Warnung nicht gehört. Sie strahlt glücklich und schließt mich, nachdem sie die Bar betreten hat, fest in die Arme.

»Wer ist das?«, flüstert sie mir ins Ohr.

»Amelé, mein Kindermädchen!«

Amelé ist ein wenig zusammengesackt und ihr Kopf hängt vornüber. Sie scheint eingeschlafen zu sein. Deshalb verzichte ich darauf, ihr Kathi vorzustellen.

»Das Kindermädchen, von dem du immer gesprochen hast?«

Kathi wendet sich wieder mir zu: »Ich freu mich jedenfalls riesig für dich. Du musst überglücklich sein! Ehrlich gesagt finde ich sie supersympathisch.«

Ich überlege, wie Kathi das jetzt schon über Amelé sagen kann.

»Ich wünschte, ich hätte auch so'ne coole Mama!«

Ruckartig löse ich mich von ihr: »Von wem sprichst du?«

»Stell dir vor, sie hat mich auf dem Markt angesprochen, nur weil ich *weiß* bin. Und sie hat gleich nach dir gefragt!«

»Wer?«

»Juli, komm runter! Sie hat gesagt, dass sie auf dem Weg zu dir ist.«

»Wärst du so freundlich …«

»Deine Mama natürlich! Sag bloß, sie hat dich noch immer nicht gefunden.«

»Mama ist in Kara?«

»Sie sagt, sie hat dir mindestens eintausend Nachrichten geschickt.«

»Tchaa hat mein Handy.«

»Tchaa? Ein Verehrer?«

»Nein, lange Geschichte. Erzähl ich dir ein andermal.«

Gerade will ich Kathi bitten, mir ihr Handy zu leihen, damit ich Mama anrufen kann, da schreckt ein lautes Knattern uns auf. Aninam kommt mit Vollgas angebraust und bremst scharf vor dem Restaurant. Er springt vom Sitz und kommt hereingerannt. Ich befürchte, er wird sich auf mich stürzen, so aufgebracht ist er. Aber er rennt an mir vorbei zu Amelé.

»Maman!«

Amelé reagiert nicht. Langsam gleitet sie vom Sofa. Aninam kann sie gerade noch auffangen.

»Hilf mir wenigstens!«, blafft er mich an. Kurz bin ich wie gelähmt, dann helfe ich, Amelé zurück auf das Sofa zu ziehen.

»Kapierst du gar nix? Maman ist schwer krank! Du kannst sie nicht einfach herschleppen!«

»Sie hat mich ... ach egal. Was machen wir jetzt mit ihr?«

»Wir bringen sie nach Hause. Hoffentlich übersteht sie das!«

»Wäre das Krankenhaus nicht besser?«

»Ohne Geld brauchen wir nicht ins Krankenhaus. Da behandelt sie sowieso keiner.«

Ich winke Kathi zu und ignoriere Etienne bewusst:

»Ich melde mich!«

Krankenhaus

»Ich habe Geld auf dem Konto!« Ich schaue in mein Portemonnaie. Die Kreditkarte ist da. Ich zeige sie Aninam. Er nickt, und wir fassen die zum Glück federleichte Amelé unter den Armen und schleppen sie, die keinerlei Regung zeigt und wie ein nasses Tuch über den Boden schleift, zu Aninams Moped. Aninam schwingt sich nach vorne an den Lenker, die ohnmächtige Amelé legen wir an seinen Rücken und hinter ihr steige ich auf, um sie festzuhalten. So fahren wir in mäßigem Tempo los, halten kurz darauf an einem Geldautomaten. Mein Konto ist so gut wie leer, aber ich habe einen Dispo, den ich nutzen will. Tatsächlich spuckt der Automat eine beachtliche Summe aus, die ich schnell verschwinden lasse. Dann fahren wir auf der Ausfallstraße nach Norden, vorbei an dem ehemaligen Edel-Supermarkt »Marox«, an den ich mich noch aus Kindertagen erinnere. Jetzt ignoriere ich ihn, denn mich interessiert nur Amelé, für deren schlechten Zustand ich mich verantwortlich mache.

Kurz darauf knattern wir durch ein weiß getünchtes Eingangstor in den Komplex des Universitäts-Krankenhauses von Kara. Wir halten auf einem ungeteerten Platz, um den sich weit verstreut zweistöckige Häuserblöcke reihen. Zwischen den Gebäuden liegt Gerümpel: kaputte Liegen, rostende Rollstühle, geborstenes Mobiliar. Stillgelegte Krankenwagen rotten vor sich hin. Am Boden vor dem Haupteingang hocken Frauen und Kinder, vor sich Tücher ausgebreitet, auf denen Häufchen gebrannter Mandeln, Erdnüsse und ein paar kleine Mangos zum Verkauf liegen. Ein Mädchen mit einem Eimer auf dem Kopf bietet Eiswasser an. Vielleicht würde das Amelé helfen, aber ich lehne wegen der häufigen Verkeimung des Wassers lieber ab.

Amelé ist durch den Fahrtwind wieder zu sich gekommen. Auf Aninam und mich gestützt wankt sie in die Empfangshalle. Ich sehe einen stöhnenden Mann, der ein blutgetränktes Tuch gegen seine klaffende Kopfwunde presst. Aninam fordert mich auf, mitzukommen. Er klopft an die Milchglasscheibe, über der »Réception« steht. Aufmerksam registrieren die Wartenden jede Bewegung. Das Stöhnen verstummt. Spaltweit wird die Scheibe aufgeschoben.

»Un moment!«, tönt es barsch von innen, und die Scheibe wird wieder geschlossen.

Wir setzen uns auf eine Holzbank. Hier, im Wartesaal, stehen viele solcher Bänke hintereinander. Da sitzen Mütter mit apathischen Babys, Verletzte, die laut jammern. Alle sehen nach vorne, auf die Milchglasscheibe. Ich habe den Arm um Amelé gelegt, die sich mühsam aufrecht hält. Wir warten. Der Gestank ist ekelerregend. Hinter uns stößt ein junger Mann mit verdrehten Augen gurgelnde Laute hervor, während er unter Zuckungen zusammenklappt. Mit voller Wucht schlägt er auf den Boden, wo er liegen bleibt. Niemand nimmt Notiz von ihm. Als ob er Alarm schlagen wolle, beginnt ein anderer zu schreien. Entsetzt sehe ich zu Aninam. Ich zweifele, ob dies wirklich der Ort ist, an dem Amelé geholfen werden kann.

»Malaria«, stellt Aninam lakonisch fest.

»Dagegen gibt es doch Medikamente! Verfügt nicht einmal das Krankenhaus darüber?«

»Medikamente gibt es hier nur gegen Geld. Und das hat keiner der Wartenden. Sie hoffen auf einen Arzt, der Gnade mit ihnen hat.«

Die Frau gleich neben uns trägt ein vielleicht drei Jahre altes Kind. Seine rissigen Lippen und eitrigen Augen sind mit Fliegen übersät. Das Kind bemerkt die Fliegen nicht. Die Mutter verscheucht sie nicht mehr. Sie sieht apathisch zur Milchglasscheibe, wo nichts passiert. Dann kommt eine beleibte Schwester in traditionellem Batikkleid durch die Seitentür.

»2000 Franc!«

Ich krame das Geld aus dem Portemonnaie und reiche es der Schwester.

»Entrez!«, flötet sie. Murren in den Reihen der Wartenden. Die Schwester gibt ihnen ein deutliches Handzeichen, dass sie verschwinden sollen. Protest wird laut. Ein paar Wartende schimpfen auf die *Weißen*, die immer Vortritt haben. Immer noch! Ich versuche zu erklären, dass ich den Eintritt nicht für mich, sondern für Amelé bezahlt habe. Daraufhin sehen alle erwartungsvoll zu mir: »Zahl auch unsere Behandlung!«

Aninam ignoriert sie. Er stützt seine Mutter und will mit ihr in den Behandlungsraum. Die Schwester verstellt ihm den Weg. Für ihn sei nicht bezahlt worden.

»Kostet für jeden von uns 1000 Franc Eintritt«, raunt Aninam mir zu, während er mich am Arm vorwärts zerrt.

Ich sehe noch einmal nach den Wartenden. Hasserfüllte Blicke treffen mich. Die Frau mit dem Kind kommt auf mich zu, hebt bittend die Hand, spricht in einer afrikanischen Sprache. Ich krame erneut das Portemonnaie heraus und reiche der Rezeptionistin weitere 1000 Franc für Aninam. Einen kurzen Moment lang überlege ich, auch für die Frau mit dem Kind zu bezahlen. Ob auch Babys den vollen Eintritt zahlen müssen? Schon verwandeln sich die Blicke der Wartenden wieder in demütige Bittgesichter, und wie auf ein geheimes Zeichen hin erheben sich alle und kommen bettelnd auf mich zu. Erst der zornige Schrei der Schwester treibt sie wieder auf ihre Plätze. Ungeduldig eilt sie uns dann voraus. Aninam, ich und die immer noch halb bewusstlose Amelé können ihr kaum folgen. Amelés Atem pfeift. Aninam bittet die Schwester, zu warten. Doch die scheint es eilig zu haben.

Dann, hinter der nächsten Ecke, quillt der Gang förmlich über von Menschen. Ein süßlicher Geruch hängt in der Luft. Bett reiht sich an Bett. Bei jedem Kranken eine Traube Angehöriger, die den Gang verstopfen, so dass wir kaum durchkommen. Männer, Frauen, Kinder in bunten Gewändern, in Lumpen, in europäischen Anzügen umringen die Patienten. Sie reichen ihnen Essen, Trinken, decken sie mit dünnen Tüchern zu. Die Schwester berichtet, dass es auf der Hauptstraße einen Busunfall gegeben habe.

Neben den Verletzten die delirierenden Malariakranken. Eine hochschwangere Frau, die sich unter Schmerzen krümmt. Ein Kind vegetiert in halbwachem Zustand. Stöhnen und Keuchen, Husten und Würgen dringen uns entgegen. Dann werden die Angehörigen auf mich aufmerksam, reichen mir die Hände zum Gruß. Ohne recht zu wissen, weshalb, schüttele ich in einem fort Hände. Man schiebt mich an einzelne Betten, stellt mir einzelne Patienten vor. Auch deren Hände schüttele ich, und sie lächeln mir zu, zeigen mir fast stolz schwärende Wunden, gebrochene Knochen, monströse Geschwüre. Ich dränge weiter, möchte nur weg hier und zu Amelé. Dennoch werden mir immer neue Sensationen vorgeführt: Verwachsungen und Splitterbrüche und Eiterwunden wie Krater. Tücher werden von regungslos daliegenden Gestalten gezogen, um Stümpfe zu zeigen. Auch die Schwester hat es nicht mehr eilig. Sie, die von allen das beste Französisch spricht, erläutert mir engagiert die Befunde. Und eine alte, tief gebeugte Frau fasst meine Hand, zieht mich aufgeregt an das Bett ihrer Tochter. Als hätte ich heilende Kraft, führt die Gebeugte meine Hand über die Lider der Tochter. Ein glückliches Lächeln huscht über deren Gesicht.

»Ich bezahle jeden Preis. Hauptsache, Amelé wird endlich behandelt!« Demonstrativ zücke ich mein Portemonnaie, hole einen Packen Scheine heraus. Die Schwester nickt und verständigt einen Arzt im Nebenzimmer.

»Maladie du sommeil[43]!«, diagnostiziert der gewichtige Doktor nach einer kurzen Untersuchung. Er trägt einen blütenweißen Kittel, drunter ein Hemd, das über seinem runden Bauch spannt. Auf der Nase sitzt eine dicke Brille. Er spricht ein so hochtrabendes Französisch, dass ich kaum folgen kann. Was ich verstehe:

»Sparen wir uns die Lumbalpunktion. Wir können ihr sowieso nicht helfen. Die Schlafkrankheit, durch den

---

43 Schlafkrankheit!

Stich der Tsetse-Fliege übertragen, wird von Parasiten verursacht, die über die Blut- und Lymphgefäße die inneren Organe befallen. So gelangen sie ins Gehirn, wo sie die Krankheit auslösen, die unbehandelt tödlich endet. Die Schlafkrankheit kommt nur bei uns im tropischen Afrika vor. Bis zu 50.000 Menschen jährlich werden schätzungsweise davon befallen.«

»Bitte helfen Sie ihr!«

»Wir sind in Afrika, uns fehlt das Medikament, das wir zur Behandlung bräuchten. In Europa ist ein Medikament zugelassen worden, das, als Tablette eingenommen, Patienten innerhalb von zehn Tagen heilt: Fexinidazol! Kannst du das besorgen? Das wäre jedenfalls die einzige Chance, ihr Leben zu retten.«

»Kann ich das Medikament in einer Apotheke in Kara bestellen?«, will ich wissen.

»Fexinidazol ist hier in Togo nirgendwo erhältlich, wie die meisten eurer Medikamente gegen Tropenkrankheiten. Wir können sie schlichtweg nicht bezahlen. Deshalb haben wir in Afrika die Krankheiten, und ihr in Europa habt die Medikamente.«

»Was kann ich tun, um ihr trotzdem zu helfen?«

»Besorg irgendwie Fexinidazol!«

»Ich habe nicht einmal mehr mein Handy«, muss ich kleinlaut eingestehen.

Fexinidazol!

»Hallo Papa, hier ist Juli. Ich brauche eure Hilfe!«

Der Arzt hat mir tatsächlich sein Handy geliehen.

»Juli! Halten sie dich immer noch fest? Anne sucht dich in Kara überall!«

»Hat sie das Medikament gegen Schlafkrankheit dabei?«

»Das glaube ich kaum. Sie ist außer sich vor Angst um dich. Wo steckst du?«

»Ich bin im Universitätskrankenhaus!«

»Oh Gott, was haben sie dir getan?«

»Es geht nicht um mich. Amelé ist zusammengebrochen. Deshalb rufe ich an.«

»Wie geht es ihr?«

»Wenn wir nichts unternehmen, stirbt sie, sagt der Arzt.«

»Wir haben für Amelé immer getan, was wir konnten.«

»Jetzt musst du nochmals was für sie tun! Bei uns ist das Medikament ›Fexinidazol‹ entwickelt worden. Es ist Amelés letzte Chance. Wenn überhaupt jemand an das Medikament kommt, dann du! FEXINIDAZOL!«, buchstabiere ich.

»Das Medikament dürfte verschreibungspflichtig sein.«

»Du musst helfen! Du warst ihr Arbeitgeber, und sie war mein Kindermädchen!«

»Ich versuche, was ich kann. Juli, bleib bitte im Krankenhaus, bis Anne bei dir ist. Ich rufe sie gleich an, damit sie dich abholt.«

»Ohne Amelé gehe ich hier nicht weg!«

»Juli, keinem von uns ist Amelé egal. Aber du bist uns das Wichtigste! Und solange du unter der Fuchtel dieses Tchaa stehst, befindest du dich in allerhöchster Gefahr!«

»Tchaa tut mir nichts, ich konnte völlig unbehelligt auf seinem Hof wohnen!«

»Glaub mir, Tchaa hat nur eins im Sinn: Er will sich im Namen seines Vaters an uns rächen!«

»Rächen? Wofür?«

»Angeblich haben wir ihnen Amelé entführt. Das wollen sie uns heimzahlen. Und zwar mit dir!«

»Papa, das ist kompletter Bullshit!« Ich beende das Telefonat. Tränen steigen mir in die Augen. Das erste Gespräch mit Papa, nach so langer Zeit, und gleich geraten wir aneinander. Ich spüre, dass ich daran nicht ganz unschuldig bin, denn erstmals kapiere ich, was für Sorgen sie sich die ganze Zeit um mich machen. Ich bedanke mich vielmals beim Arzt und gebe ihm sein Handy zurück.

»Was Medikamentenlieferungen an uns betrifft, habe ich noch nie gute Erfahrungen gemacht. Entweder die Europäer verzögern die Lieferung oder die einheimische Krankenhausleitung lässt sie verschwinden, um sie privat zu verkaufen. Dass ein so teures Medikament tatsächlich beim Patienten ankommt, habe ich selten erlebt.«

»Mein Papa wird sich darum kümmern. Er war ein Super-Entwicklungshelfer und kennt sich gut aus!« Ich sage das eher zu mir selbst. Aber der Arzt nickt mit einem spöttischen Lächeln in den Mundwinkeln: »Bleiben wir also optimistisch!«

Draußen bugsiert Aninam seine Mutter wieder aufs Motorrad. Konnte Amelé auf dem weiten Weg über den großen Vorhof des Krankenhauses noch einigermaßen das Gleichgewicht halten, stößt sie auf dem Motorrad unwillkürlich Schmerzenslaute aus. Ich schiebe mich wieder hinter sie und schlinge beide Arme um ihren mageren Körper.

»Sollen wir sie zu Tchaa auf den Hof bringen?«, frage ich Aninam.

»Lieber nicht!«

»Warum nicht?«

»Mein Onkel hat eigene Ziele!«

»Wohin dann?«, frage ich und frage mich erstmals, ob die Vorwürfe meiner Eltern, Tchaa betreffend, wirklich so unbegründet sind.

»Nach Hause!«, entscheidet Aninam.

So fahren wir zurück in Amelés kleine Hütte, in deren stickiger Dunkelheit wir die Kranke ablegen. Dann zieht Aninam mich aus der Hütte heraus ins Tageslicht. Draußen umfasst er meine Hände: »Danke dir!«

»Mir musst du nicht danken. Seit frühster Kindheit habe ich deine Mama ins Herz geschlossen. Ich glaube, meine Mutter war sogar ein bisschen eifersüchtig!«

»Und jetzt ist deine Mama in Kara, und du suchst sie gar nicht.«

»Mama war immer dagegen, dass ich nach Kara reise. Ich weiß, dass sie mich so schnell wie möglich nach

Deutschland zurückholen will. Dazu bin ich nicht bereit!«

»Unglaublich!« Aninam schüttelt den Kopf. Dass meine Sorge nicht zuallererst meiner Familie gilt, sondern seiner Mutter, will ihm nur schwer in den Kopf. Aber es rührt ihn. Tränen steigen ihm in den Augen, und er schließt mich in einem spontanen Impuls zum ersten Mal in die Arme. Ich erwidere seine Umarmung und so stehen wir eine Weile eng umschlungen, durchströmt von einem innigen Gefühl der Zuneigung. Ein anderes Gefühl als das für Claude. Eine tiefe Verbundenheit, von der ich nicht weiß, woher sie kommt.

Im nächsten Moment schrecke ich aus der Versenkung auf und löse mich abrupt von Aninam. Eine kalte Hand hat sich mir in den Nacken gelegt:

»Amelé, du schläfst ja gar nicht!«, stoße ich erschrocken hervor.

»Wie soll ich schlafen, wenn ihr hier rumturtelt!« Ihre Stimme klingt wie aus dem Jenseits. Ihre Augen sind immer noch halb geschlossen, so als stünde sie unter Drogen.

Sie wirkt kein bisschen amüsiert. Im Gegenteil: Es scheint ihr sehr ernst zu sein.

Was soll ich davon halten? Will sie ihren Sohn schützen?

Woher Amelés Vorbehalte auch immer kommen mögen, Aninam und ich halten fortan Abstand voneinander. Nachts besteht Amelé, deren Schlafrhythmus sich komplett umgekehrt hat, darauf, dass Aninam und ich zu beiden Seiten von ihr liegen. Amelé scheint zu schlafen, ihr Atem geht ruhig, doch kaum erhebt sich einer von uns, ist sie hellwach, bis sich alle wieder hinlegen. Dann dreht sie sich um und fällt in den Zustand des halb Wachens, halb Schlafens zurück.

»Wie soll es bloß weitergehen?« Aninam ist völlig verzweifelt.

»Ich suche Mama. Sie muss uns helfen. Jedenfalls brauche ich mein Handy zurück. Tchaa muss es endlich rausrücken. Dann kann ich mit meinen Eltern sprechen, und wenn die dichtmachen, rede ich mit Roberts Eltern. Die haben noch immer geholfen ...«

»Gut, ich fahre zu Tchaa. Muss sowieso das Moped zurückbringen.«

»Das gehört doch Yao!«

»Yao arbeitet für Tchaa. Hast du das nicht gemerkt?«

»Dann hattet ihr mich die ganze Zeit unter Kontrolle?«

»Onkel Tchaa hat immer alles unter Kontrolle!«

Kaum ist das Knattern des Mopeds verhallt, richtet sich Amelé von ihrer Matte auf. Im dämmrigen Licht sehe ich ihre großen Augen, die jetzt noch größer wirken.

»Freut mich, dass Aninam dich mag!«, sagt sie unwillkürlich. »Ihr seid alles, was mir geblieben ist. Deshalb will ich euch schützen.«

»Wovor schützen? Traust du mir nicht?«

»Ich vertraue dir, Juli, aber ich habe ein Versprechen abgegeben.«

»Wem hast du was versprochen?« Mich nervt diese Geheimniskrämerei. Es ist fast wie mit meinen Eltern, die immer nur scheibchenweise mit der Wahrheit rausrücken. Amelé sieht mich aus ihren großen Augen an, über die schon wieder ihre müden Lider sinken. Als wäre der Schlaf eine schützende Hülle. Langsam gleitet sie auf ihr

Lager zurück, und kurz darauf fällt sie in einen unruhigen Dämmerzustand. Gelegentlich blinzelt sie noch ein wenig. Dann endlich fällt alle Spannung von ihr ab. Jetzt sind ihre Gesichtszüge weich. Trotz ihres abgemagerten Zustandes sieht Amelé noch immer schön aus. Vorsichtig streiche ich ihr über die Wange. Mir scheint, als huschte ein kleines Lächeln über ihre Mundwinkel.

Pot-de-vin

Das Knattern von Yaos Moto – oder gehört es Tchaa? – reißt mich aus den Träumen. Ich rappele mich auf. Auf dem Moto sitzt jedoch Aninam.

»Hey, wolltest du das Moped nicht zurückbringen?«

»Tchaa ist hinter Gittern«, ruft Aninam statt einer Antwort.

»Hinter Gittern? Wieso?«

»Deine Mutter hat ihn angezeigt! Sie hat sogar den Botschafter eingeschaltet.«

»Was werfen sie Tchaa vor?«

»Kidnapping!«

»Wer wurde denn entführt?«

»Du!«

»Niemand hat mich entführt!«

»Das sehen die anders!«

»Ich fahr mit dir ins Polizeipräsidium. Dann sehen sie, dass niemand mich gekidnappt hat. Tchaa wird sicher sofort freigelassen.«

»Du kennst den Knast in Togo nicht!«

»Zum Glück! Lass uns fahren!«

»Halt, wie geht es Maman?«

»Schläft ruhig und friedlich.«

Aninam wirft noch einen Blick in das dämmrige Innere der Hütte, dann schließt er die Tür von außen ab und schwingt sich aufs Moped. Ich steige hinter ihm auf, schlinge die Arme um ihn. Er gibt Gas. Wir kurven Richtung Zentrum und parken vor der Gendarmerie, einem grauen Betongebäude mit vergitterten Fenstern.

»Geh du vor! Dir tun sie nichts, du bist *weiß*!«

Jetzt ist nicht der Zeitpunkt, um über Hautfarben und ihre Bedeutung zu diskutieren. Ich eile voran, damit wir die Sache hinter uns bringen. Tatsächlich sind die Beamten freundlich zu mir. Lediglich Aninam haben sie auf dem Kieker. Was er mit einer *Weißen* zu schaffen habe, fragen sie ihn auf Kabyè. Sie ahnen nicht, dass ich sie halbwegs verstehe.

»Hat er etwas mit deiner Entführung zu tun?« fragt mich der Gendarm.

»Ich bin niemals entführt worden. Meine Mutter behauptet das nur, weil sie gegen unsere Beziehung ist!«

»Das werden wir in einer Gegenüberstellung klären!«, sagt er und befiehlt uns, im Warteraum Platz zu nehmen. Auf keinen Fall dürften wir das Gebäude verlassen, denn er werde sofort Madame Heller anrufen, deren Handynummer er habe.

Auf dem Gang, durch den immer wieder übel zugerichtete Gefangene geschleppt werden, beginnt unsere Wartezeit. Auch für afrikanische Verhältnisse eine lange, eine sehr lange, eine unendlich lange Zeit.

Aninam betet still neben mir, vielleicht ruft er auch gute Geister und hilfreiche Ahnen an. Seine Lippen bewegen sich, seine Augen sind geschlossen, aber die Lider zucken.

»Hast du Angst?«

»Klar! Ich war selber schon im Gefängnis, obwohl ich unschuldig war. Eine schlimme Zeit!«

»Was haben sie dir vorgeworfen?«

»Angeblich hatte ich eine Ananas geklaut. Eine Marktfrau hat mich beschuldigt!«

Langsam und dann immer eindringlicher berichtet Aninam, wie sie ihn wegen dieser Lappalie in eine überfüllte Zelle gesperrt haben, zusammen mit Erwachsenen. Er war den Misshandlungen von Kriminellen ausgeliefert. Der Antwort auf meine Frage, was sie ihm angetan haben, weicht er verschämt aus. Es muss sehr erniedrigend gewesen sein. Die Haftzelle war nicht nur überfüllt, sondern auch schlecht belüftet. Es gab kaum Tageslicht und selten Wasser, nicht einmal eine Toilette. Es gab weder Essen noch Trinken. Medizinische Versorgung für die Verletzten fehlte komplett. Ohne Anwalt drohte ihm, wie den meisten Jugendlichen, eine unverhältnismäßig lange Haft. Nur der Hilfe Tchaas, der viel Geld hinlegen musste, verdankte Aninam schließlich seine Freilassung.

Langsam begreife ich, wie viel Dank Aninam seinem Onkel schuldet. Ich hoffe nur, dass Tchaa im Gefängnis nicht zu Schaden kommt, und lege Aninam den Arm um die Schulter. Ihm ist das sichtlich peinlich. Zärtlichkeiten in der Öffentlichkeit, gar im Polizeipräsidium, sind in Togo verpönt. Irgendwie süß, wie ängstlich Aninam sich nach möglichen Zuschauern umschaut.

Da fliegt plötzlich die Tür auf, und Mama stürmt herein. Mir bleibt kaum Zeit, sie zu begrüßen, denn sie zieht mich hoch, um mich mit aller Kraft an sich zu drücken. Ihre Tränen benetzen meinen Hals.

»Mein Sommermonat!«

Auch mir steigen Tränen in die Augen. Mama ist da,

und ich fühle mich plötzlich wie ein Kleinkind, das seine Mutter verloren hat. Es schnürt mir den Hals zu, bricht mit einem Schluchzer aus mir heraus.

»Mir geht's gut, Mama!«

»Gottseidank! Ich bin fast gestorben vor Angst. Ich dachte, sie haben dich vom Krankenhaus weggeschleppt.«

»Ich war nie gefangen. Tchaa und ich wollten einfach nur, dass ihr Amelé helft. Also keine Geiselnahme, keine Lösegeldforderung, kein Terrorakt, sondern nur die Bitte um Unterstützung. Ist das so schlimm?«

»Du hast den Racheschwur nicht gehört, den der Vater von Tchaa damals ausgestoßen hat!«

»Tchaa ist harmlos, Mama!«

»Im Gegenteil! Er will dich unter seine Kontrolle bringen. Schon die ganze Zeit!«

»Es geht um Amelé!«

»Wir haben Amelé nie vergessen. Ich habe schon eine Suite im besten Hotel am Ort gebucht. Hotel Kara, klimatisierte Zimmer, keine Moskitos. Dort kümmern wir uns um sie, wie wir es immer getan haben. Versprochen!«

»Maman hat vor meiner Geburt dort gearbeitet. Für *weiße* Männer, ziemlich schlimm, hat sie gesagt«, schaltet sich Aninam in das Gespräch ein.

»Außerdem sitzt Tchaa hier unschuldig im Knast. Nur du kannst ihn rausholen, Mama!«

»Okay. Wenn Tchaa dich gehen lässt, ziehe ich meine Anzeige zurück.«

»Wunderbar!« Ich bin beruhigt. Doch Aninam schüttelt den Kopf:

»Ihr kennt den Knast in Togo nicht!«

Aninam soll leider recht behalten. Der Gendarm ist alles

andere als amüsiert über Mamas Rückzieher. Er erklärt, sein guter Ruf stünde auf dem Spiel, wenn er erst eine Festnahme anordne, um kurz darauf die Freilassung erbitten zu müssen. Und das Ganze ohne polizeiliche Untersuchung.

»Excusez-moi, Monsieur le Président, c'est un malentendu!«, flötet Mama und bietet dafür gegenüber dem feisten Uniformierten ihren ganzen Charme auf. Das alles sei ein Missverständnis, es tue ihr sehr leid. Aber sie habe nach dem missverständlichen Telefonat das Schlimmste befürchten müssen. Jetzt sei sie überglücklich, mich unversehrt und frei wieder in die Arme schließen zu dürfen. Ob er, der Polizeichef, auch Kinder habe. Nun, dann wisse er vielleicht, wie viel Sorgen sich Eltern machten, wenn ihren Kindern Ungemach drohe. Der Chef nickt. Mama war Entwicklungshelferin, denke ich. Noch immer weiß sie, wie man mit Beamten in Togo am geschicktesten verfährt. Trotzdem kommt sie nicht so leicht an ihr Ziel. Zwar hat der Polizeichef selbst Kinder und versteht auch die Sorgen von Eltern. Die Freilassung eines Inhaftierten gehe jedoch nicht so einfach auf Zuruf. Zumal man in Tchaas Tasche eine Haarsträhne gefunden habe. Mit sehr ernster Miene holt er die Haarsträhne hervor und zeigt sie uns.

»Das ist das Haar meiner Tochter!« Mama ist empört. »Wie kommt die Strähne in Tchaas Tasche?«

»Und vor allem: Was hatte Tchaa damit vor?«, fragt der Polizeichef, um sich umgehend selbst die Antwort zu geben: »Er wollte das Haar zum Fetischeur bringen, um Macht über Ihre Tochter zu erlangen!«

»Das ist, was wir immer befürchtet haben!«, stößt Mama hervor.

»Quatsch!«, sage ich. »Ich habe ihm die Strähne geschenkt. Ein Freundschaftsbeweis!«

Der Polizeichef starrt mich ungläubig an, aber ich halte seinem Blick stand.

»Okay!«, knickt er schließlich ein und gibt mir die Strähne zurück: »Niemals Haare, Fingernägel und so was in Afrika verschenken! Das ist hier sehr gefährlich!«

Ich zeige mich einsichtig und bereue den Fehler. Darauf wendet er sich wieder Mama zu. Wir müssten gemeinsam zum Gefängnis fahren, um die delikate Situation in einem vertraulichen Gespräch zu erörtern, erklärt er.

Mama nickt. »Eine delikate Situation vertraulich regeln« ist die ihr wohlbekannte Umschreibung für weitere »pots-de-vin«, zu Deutsch: Bestechungsgelder.

Als wir schließlich – vom Polizeichef persönlich chauffiert! – am Gefängnis ankommen, hat der Gefängnisdirektor schon Feierabend. Es muss ein neuer Termin für den nächsten Tag vereinbart werden. Der Chef verspricht, am nächsten Vormittag zur verabredeten Zeit wiederzukommen. Mama besteht darauf, dass er ihr seine private Handynummer gibt. Während sie die Nummer in ihr Handy eintippt, fragt sie, wo eigentlich mein Handy geblieben ist.

»Das hat Tchaa.«

»Jetzt bestimmt nicht mehr!«, sagt sie und wählt meine afrikanische Nummer. Prompt klingelt es in der Tasche des Polizeichefs. Er holt mein Handy heraus und merkt erst jetzt, dass Mama ihn überführt hat.

»J'ai oublié cela!«, flötet er mit einem Lächeln und drückt Mama mein Handy in die Hand. Das habe er doch glatt vergessen.

»Mais bien sûr!«, säuselt Mama mit einem noch ironischeren Lächeln, während sie das Handy an mich weitergibt. Selbstverständlich! Wie gut Mama sich noch immer hier auskennt, denke ich voller Bewunderung.

»Ich muss zu Maman!«, holt Aninam uns wieder auf den Boden der Tatsachen zurück.

»Ich komme mit!«, erkläre ich, bevor Mama mich auffordert, sie ins Hotel Kara zu begleiten.

»Wo wohnt Amelé?«, fragt Mama. Sie will nachkommen. Es gibt keine Adresse, Aninam nennt ihr nur den Namen des Viertels. Trotzdem ist Mama sicher, dass sie die Hütte finden wird. Kara scheint sie immer noch in- und auswendig zu kennen. Wie viel einfacher doch alles gewesen wäre, hätte sie mich hierher begleitet. Vielleicht wird mit ihr jetzt alles einfacher. Ich gebe ihr einen dicken Schmatz auf die Backe, bedanke mich und mache mich mit Aninam auf den Weg.

»Hotel Kara! Deine Eltern müssen sehr reich sein!«, stellt Aninam fest, als wir draußen auf seinem Moped sitzen.

»Weder reich noch arm. Einfach deutscher Durchschnitt!«

»Sind alle in Deutschland so reich?« Aninam kann es nicht fassen.

»Nicht alle. Es gibt auch in Deutschland Armut!«

»Verhungern Arme bei euch?«

»Nein, sie bekommen Geld, um sich was zu essen zu kaufen.«

»Formidable! Wäre gern arm in Deutschland!«

»Die Armen in Deutschland sind sehr unzufrieden. Auch wenn sie genug zu essen haben.«

»Die Glücklichen!«

»Ich bin mir nicht sicher, ob die Deutschen glücklicher sind als die Togoer. Obwohl sie viel reicher sind.«

»Dann will ich euer Geld und unser Glück!«

»Beides zusammen geht nicht, glaube ich!«

»Warum nicht?«

Bevor ich mich nun in lange Erklärungen darüber verstricke, dass Geld nicht glücklich macht, haben wir Amelés Hütte erreicht.

Nach all der Hektik kommt mir Amelés einfache kleine Hütte zwischen den anderen, ähnlich einfachen Hütten mit ihrem unverputzten Mauerwerk und dem Blechdach drauf wie eine Zuflucht vor. Und während Aninam leise an die Tür klopft, um Amelé nicht zu erschrecken, habe ich nach langer Zeit zum ersten Mal wieder das Gefühl, das mich in Deutschland so stark ergriffen hat: Hier nach Kara zurückzukehren ist wie eine Heimkehr ins einfache Leben, zum Glück ohne Geld, in die Gemeinschaft der Habenichtse. Und plötzlich bin ich mir sicher, dass ich noch lange nicht nach Deutschland zurückkehren will, auch wenn Mama den weiten Weg gekommen ist, um mich zu holen.

Die andere Welt

Aninam schließt leise auf, um seine Mutter nicht aus dem Schlaf zu reißen. Doch die Blechtür quietscht schrill. Zum Glück wacht Amelé nicht auf. Im Dämmerlicht der Hütte sehe ich eigentlich nur das Tuch, das wir über sie gebreitet haben. Doch Aninam ist beunruhigt. Erst als ich nähertrete, sehe ich, warum: Wo Amelé ihren Kopf gebettet hatte, schauen jetzt ihre knöchernen Füße unter dem Tuch hervor. Ihr Kopf wiederum liegt am Fußende.

»Maman!«

»Wieso hat sie sich umgedreht?«

»Das ist ein schlechtes Zeichen!«

»Warum?«

»Nur Gestorbene sollten mit den Füßen am Kopfende liegen. Das verwirrt die schlechten Geister!«

»Hokuspokus!«, murmele ich. Langsam und mit zitternden Knien nähere ich mich Amelés Lager. Aninam steht erstarrt hinter mir. Jetzt erst höre ich sein leises Schluchzen.

»Sie schläft. Wie meistens!« Ich reiße mich zusammen, beuge mich beherzt zu ihr hinab.

»Hallo, wir sind zurück!«

Erst jetzt, wo ich ihr so nah bin, sehe ich, dass ihre Augen halb geöffnet sind.

»Ich bin's, Juli!«

Aninams Schluchzen über mir wird lauter.

»Sie kann dir nicht antworten!«

»Das ist nicht wahr!« Ich neige mich über Amelés halb geöffneten Mund, um ihren Atem zu spüren. Aber ich spüre nichts. Sie hält den Atem an, denke ich, um dann ganz allmählich zu verstehen, dass Amelé nie mehr atmen wird.

Ich kann den Blick nicht abwenden, streiche zärtlich über ihre weichen Wangen. Mein Mund ist ausgedörrt, und auch meine Augen fühlen sich vertrocknet an. Langsam sinke ich hinab zu der Frau, die mir nie aus dem Kopf gehen wollte. Und erst hier, geschmiegt an den reglosen Körper, kommen die Tränen, erst eine, dann viele, dann strömen sie.

»Bleib bei mir! Du bist doch meine Nanny!«

Es bricht aus mir heraus, als wäre ein Damm geborsten. Ich weiß nicht, ob ich laut oder leise weine, ob ich meine Klage herausschreie oder ob nur Worte in meinen Ohren hallen. Mir wird schwarz vor Augen. Bin ich wach oder schon bewusstlos? Es ist mir egal. Ich bleibe hier am Boden, bis ich aus diesem Albtraum erwache! Dann aber legen sich Aninams Arme um mich. Behutsam, aber entschlossen zieht er mich weg von Amelé, schleift mich zur Wand, wo er versucht, mich aufzurichten.

»Juli, zurückkommen!«

Ich höre ihn, höre seine Stimme wie von fern. Allein, es fehlt mir die Kraft, darauf zu reagieren. Aninam schüttelt mich, um mich aufzuwecken. Aber ich will nicht zurückkehren in diese angebliche »Wirklichkeit«. Behutsam öffne ich die Augen, sehe sein Gesicht unmittelbar vor mir.

»Maman ist da!«, flüstert er.

»Nein!«, schluchzt es aus mir. »Amelé ist tot, weg, verloren!«,

»Nein, sie ist da.«

»Das verstehe ich nicht!«

Ich friere trotz der Hitze. Das Schluchzen bricht wieder aus mir heraus. Aninam versucht es mit einer Erklärung, die ich zuerst nicht verstehe.

»Unsere Familien bestehen nicht nur aus den Lebenden. Die Gestorbenen gehören auch dazu. Unsere Bindungen lösen sich durch den Tod nicht, die Ahnen sind unter uns. Sie werden in alle Entscheidungen mit einbezogen, wirken mit, helfen oder verhindern. Von Zeit zu Zeit rufen wir sie mit Opfergaben, bitten um Verzeihung, bitten um ihren Rat oder ihre Gunst, ihren Schutz vor Bedrohung. Im Frühjahr richten wir ein großes Fest für sie aus. Dann weiß Amelé, dass wir sie nicht vergessen haben. Ohne Totenfeier würde ihr Geist ruhelos durch die Welt wandern und Unheil anrichten.«

Ich weiß nicht, was ich davon halten soll, richte mich langsam auf und wanke hinaus. Aninam folgt mir. So sitzen wir im Schatten der Hütte, auch er, trotz seines Ahnenglaubens, gelähmt und verzweifelt. Und in diese Ohnmacht hinein setzt ein Moto meine Mama vor der Hütte ab.

»Wo ist sie?« Mama spürt sofort, dass etwas nicht stimmt.

»Amelé ist …« Ich bringe die Worte nicht über die Lippen, ohne in Tränen auszubrechen.

»Oh Gott!« Auch Mama beginnt augenblicklich zu schluchzen, wie ich es von ihr noch nie gehört habe.

»Du magst sie noch immer!«, flüstere ich.

»Ja, natürlich. Es war nur …« Mamas Worte gehen in Tränen unter. Als sie die Hütte betritt, ist sie schockiert: »Hier habt ihr gelebt?«, fragt sie Aninam.

»Hier leben wir immer noch!«

Und obwohl ich erwartet hätte, dass Mama das nicht so schnell verkraftet, tritt sie beherzt zu Amelé. Ich folge ihr, unsicher, wie Mama auf die Tote reagieren wird.

»Sie ist so dünn, wie ein Vögelchen, und doch ist sie noch so schön wie damals!«

Mama weint, berührt das Gesicht der Toten. Zuerst merke ich gar nicht, dass sie Zwiesprache mit Amelé hält. Ich möchte eigentlich nicht lauschen. Doch dann höre ich, wie sie sich immer wieder bei der Toten entschuldigt.

»Ich weiß, wir hätten dich nicht alleine lassen dürfen. Verzeih, aber wir mussten Juli vor deiner Familie schützen. Das war das Wichtigste. Mit dir hatte das wirklich nichts zu tun. Bitte finde die Größe, uns zu verzeihen!«

Ich hätte gerne erfahren, worüber Mama da redet. Aber ich wage nicht, den Fluss der Worte, die tief aus ihr hervorquellen, zu unterbrechen. Und als Mama aufblickt und mir mit tränenüberströmtem Gesicht zulächelt, scheint es mir unpassend, nach dem Sinn ihrer Worte zu fragen.

Die Nachricht von Amelés Tod verbreitet sich wie ein Lauffeuer. Tchaas Frauen schicken einen entfernt verwandten Heiler, um die Todesursache festzustellen. Der Fetischeur, ein kleiner, unscheinbarer Mann in einem abgewetzten Boubou, begutachtet die Tote. Ob die Verstorbene Witwe gewesen sei, fragt er.

»Das wissen wir nicht.«

»War sie nie verheiratet?«

Aninam schüttelt den Kopf.

»Und wer ist dein Vater?«

»Ich habe keine Ahnung!«, muss Aninam gestehen. Darauf erklärt der Heiler, Amelé sei an einem »überhitzten Herz« gestorben, wie viele Witwen, die ihre Männer nicht vergessen können ... Für diese Diagnose verlangt er ein ordentliches Entgelt, das Mama ohne Zögern bezahlt. Sie deutet die Diagnose des Fetischeurs auf ihre Weise:

»Er meint wahrscheinlich das, was wir ›gebrochenes Herz‹ nennen!«

Aninam nickt. Aus seinem Gesicht wollen die Sorgen nicht weichen. Wer wird die Bestattungsfeier ausrichten? Tchaa sitzt im Gefängnis, und niemand hat das nötige Geld.

»Ich könnte die Kosten übernehmen!«, bietet Mama ohne zu zögern an. Doch Aninam schüttelt nur müde den Kopf: »Ehrung der Toten ist Sache ihrer Familie!«

»Meinst du, es ist für die Tote so wichtig, wer ihre Beerdigung bezahlt?« Mama hat offenbar das Gefühl, Aninam ziere sich nur. Doch er ist fest in der Überzeugung: Die Familie muss die Trauerfeier ausrichten. Sonst kann Amelé die Gaben nicht annehmen. Mama schüttelt den Kopf: »Dieses magische Denken werde ich nie begreifen!«

Das Dröhnen eines Motors schreckt uns auf. Kein Moto, sondern ein Wagen ist vorgefahren. Der Fahrer tritt nochmal aufs Gas, bevor er den Motor zum Schweigen bringt.

»Tchaa!«, hofft Aninam sofort.

Aber nicht Tchaas alte Kiste ist neben der Hütte zum

Stehen gekommen, sondern ein ziemlich neuer Leihwagen mit getönten Scheiben, hinter denen der Fahrer unsichtbar wird. Heraus steigt Papa und steht hilflos vor der armseligen Hütte. Ich renne ihm entgegen, breite die Arme aus.

»Mein Sommermonat!« Er küsst mich ungeschickt auf die Stirn und lächelt. Instinktiv greife ich seine Hand.

»Warte, ich habe es mitgebracht, wie versprochen!« Papa kramt aus seiner Innentasche eine Medikamentenschachtel und zieht umständlich die Gebrauchsanweisung und einen Blister mit dunkelroten Tabletten heraus.

»Das Medikament Fexinidazol!« Er ist sichtlich stolz. »Sogar in Deutschland sehr schwer zu kriegen. Hab's schließlich im Tropeninstitut bekommen!«

»Leider kommst du zu spät …«

Papa versteht nicht recht, wirkt verwirrt, und statt einer Erklärung ziehe ich ihn durch die Tür in die Hütte. Er sieht Amelé auf dem Boden liegen, sinkt in die Knie.

»Amelé, meine Liebe, alles wird gut!«

Er legt die Schachtel mit dem Fexinidazol neben sie, streicht ebenfalls zärtlich über ihr Gesicht. Da erst spürt er an ihren Lippen die Kälte und langsam, ganz langsam erkennt er die Lage. Dann überfällt ihn die furchtbare Einsicht.

»Das habe ich nicht gewollt!«

»Niemand hat das gewollt!« Mamas Stimme klingt so fest, dass Papa sich erschrocken umwendet. Sie sieht ihm herausfordernd ins Gesicht.

»Was aber hätten wir tun sollen, um Juli zu schützen?«, sagt Papa. »Du weißt, wie es mir ergangen ist. Die Bedrohung war real und hat uns fast den Verstand geraubt!«

»Ich weiß. Unsere Sorge galt nur unserer Tochter.«

»Wem sonst hätte sie gelten sollen?«

»Deinem Sohn!«

Papa schluckt, und einen Moment lang ist es totenstill.

»Hat Amelé mit dir darüber gesprochen?«, fragt er vorsichtig, fast flüsternd.

Mama schüttelt den Kopf: »Als ich herkam, war sie tot.«

»Woher weißt du dann …?«

»Frauen wissen so was!«

»Und du hast geschwiegen, die ganzen Jahre?«

»Du doch auch!«

»Wovon sprecht ihr?«, frage ich. Diese Geheimniskrämerei nervt gewaltig.

»Sag du's ihr. Ist immerhin dein Sohn!« Über Mamas Gesicht huscht ein bitteres Lächeln.

Papas Worte kommen langsam und leise:

»Aninam ist dein Bruder.«

Ich überlege, ob ich richtig gehört habe. Ob ich richtig verstanden habe.

»Was redet ihr da?«

Doch dann senkt sich die ungeheuerliche Bedeutung des kurzen Satzes in mein Bewusstsein. Und ich ahne, dass dieser Satz, diese ungeheuerliche Tatsache alle meine festgefügten Vorstellungen umwirft. Amelés Rückzug aus meinem Leben hatte also denselben Grund wie damals vor dreizehn Jahren die überstürzte Abreise meiner Eltern.

»Heißt das, dass du mich all die Jahre angelogen hast?« Ich bin fassungslos.

»Wir mussten dich schützen, Juli! Nachdem sie mich in die Knie gezwungen hatten, wollten sie dich genauso fertig machen!«

»Wieso mich? Was hatte ich mit eurem Streit zu tun?«

»Sehr viel! In ihren Augen hatten wir ihnen Amelé, ihre Tochter, entführt. Das gleiche hatten sie mit dir vor! Sie hatten Tomfeï, unseren Wächter, bereits auf deine Haare angesetzt. Das hat er uns damals selbst gestanden. Den Fetischeur hatten sie schon beauftragt. Deshalb mussten wir weg, und zwar so schnell wie möglich!«

»Und all das sagt ihr mir jetzt erst?«

»Wir wollten dich schützen! Zugegeben: Das war feige, und ich muss mich entschuldigen!«

»Mit so einer Entschuldigung willst du davonkommen? Ich fasse es nicht!«

Papa blickt betreten zu Boden, aber ich wende mich Mama zu: »Wenn du die ganze Zeit gewusst hast, was los ist, warum hast nicht wenigstens *du* mich gewarnt?«

»Wir hatten wahnsinnige Angst um dich. Aber als ich sah, wie du geradezu besessen warst von der Idee, zu Amelé zurückzukehren, wünschte ich mir schließlich, dass du selbst die Wahrheit herausfindest. Hast du dich nie gefragt, wer das fehlende Geld auf dein mageres Reisekonto überwiesen hat?«

»Ich dachte, Roberts Eltern …«

»Auch als klar war, dass er nicht mitkommt!?«

»Du?« Ich starre Mama ungläubig an, aber sie nickt. Und dann kommen mir weitere Fragen. Ich schaue zu Aninam: »Wusstest du davon?«

»Wovon?« Aninam hat noch gar nichts verstanden.

»Du bist mein Bruder!«

»Klar, wir sind wie Geschwister!«

»Nein, Michael ist unser Vater!«

»Du bist mein Papa?« Aninam starrt Michael an.

Papa beugt sich wieder über Amelé. Seine Schultern

zucken. Er weint leise, so als ob das Geständnis eine Schleuse geöffnet hätte. Aninam, an die Hüttenwand gelehnt, betrachtet ihn. Trotz Papas Gefühlsausbruch mag er das Lager seiner Mutter nicht aus den Augen lassen. In mir aber steigt Wut auf. Diese armseligen Erklärungen meiner Eltern! Diese Verlogenheit!

Und während ich mir zunächst noch den Kopf darüber zerbrochen habe, was wir nun mit Amelés Leichnam tun sollen (ihn hier in der Hitze liegen zu lassen ist unmöglich), wächst in mir ein wütender Entschluss:

»Ihr werdet euch jetzt um Amelé kümmern. Nachdem ihr sie schon lebend im Stich gelassen habt, versorgt sie wenigstens im Tod. Und Tchaa solltet ihr nicht vergessen! Der sitzt immer noch unschuldig im Gefängnis! Mit mir jedenfalls braucht ihr nicht mehr zu rechnen. Ihr kotzt mich nur noch an!«

Allein

Ein letztes Mal noch sinke ich zu Amelé herab, benetze ihr kaltes Gesicht mit warmen Tränen, schließe ihre Lider. Dann stehe ich mit einem Ruck auf. Reiße mich los von meiner Nanny, die mir einstmals die Welt geöffnet hat, und renne aus der Hütte.

»Juli, bitte warte!«, höre ich Mama mir hinterherrufen.

»Lass uns in Ruhe reden!«, ruft Papa.

»Nein!«, schreie ich zurück und renne in Richtung Durchfahrtsstraße. Auch nur eine Silbe mehr würde mir Übelkeit verursachen. Die jahrelange Geheimniskrämerei, die unfassbaren Reaktionen meiner Eltern: Mit einem Mal wird mir all das bewusst. Ich bin fertig mit ihnen! Ich stürze mich geradezu vor das nächste herankommende Auto, und das hält tatsächlich an und nimmt mich mit.

»Où veux-tu aller?«[44], fragt der Fahrer mich, nachdem er seine Frau und die drei Kinder beruhigt hat.

»Kara, Centre Vision!«, sage ich und hoffe, ich muss kein weiteres Wort sagen, keine Erklärung geben, keine Entschuldigung für mein Verhalten, denn schon fließen wieder die Tränen, und wieder werde ich geschüttelt,

---

44 »Wo möchtest du hin?«

schluchze laut und bringe die ganze Familie im Auto in Verlegenheit. Zum Glück muss ich den Weg ins Centre nicht erklären. Der Fahrer kennt ihn und stellt keine weiteren Fragen. Seine Frau und die Kinder schweigen die ganze Fahrt lang betreten. Mir ist es recht, denn jedes Wort hätte ich unerträglich gefunden.

Im Centre gehe ich geradewegs in Moises Büro, ohne die Mädchen zu beachten, die sich um mich drängen und wissen wollen, wo ich war und ob ich jetzt wieder zu ihnen zurückkomme.

»Da bist du ja wieder!«, stellt er ziemlich cool fest. »Ich habe ein Gespür dafür, welche meiner Auslandsfreiwilligen hinschmeißen und welche ein Rückgrat haben.«

»Ich will mich nur verabschieden!«, sage ich und merke, dass ich auch hier kein weiteres Wort herausbringe.

»Dann bist du doch noch nicht so weit«, stellt Moise fest.

»Anscheinend!« Ich nicke und verlasse ohne Abschiedsgruß sein Büro.

Draußen wartet Kathi schon. Mit einem Blick hat sie meinen Zustand erfasst und umarmt mich fest. Ich vergrabe mein Gesicht an ihrer Schulter und heule hemmungslos. Die Straßenmädchen aus dem Centre, die gewöhnlich keine Distanz kennen, weichen erschrocken zurück. Erst als wir in ihrem Zimmer angekommen sind, fragt Kathi:

»Was ist passiert?«

»Sie ist tot!«, schluchze ich. »Und meine Eltern haben sie auf dem Gewissen!«

»Wie furchtbar!« Kathi bricht ebenfalls in Tränen aus, und so weinen wir eine Weile gemeinsam, ohne dass ich die Umstände und das Geschehene erklären müsste. Bis mein Handy klingelt. Mama! Wütend schmeiße ich das Handy in den Mülleimer.

»Was hast du vor?«, fragt Kathi. »Zurück nach Deutschland?«

Ich schüttele nur den Kopf. »Was soll ich in Deutschland?«

»Was dann?«

»Ich weiß es nicht. Nur weg!«

Kathi begleitet mich zum Busbahnhof, wo ich eine Fahrkarte nach Lomé kaufe und mich schweren Herzens von ihr verabschiede.

»Sehen wir uns wieder?« Kathi mag nicht loslassen.

»Sicher!«

»Wann und wo?«

»Keine Ahnung!«, denke ich, sage aber dann: »Es wird eine großes Abschiedsfest für Amelé geben. Im nächsten Frühjahr. Da werden wir uns wiedersehen!«

»Inschallah, wie die muslimischen Mädchen immer sagen.«

Kurz muss ich schmunzeln. Unsere Reise hat auch bei Kathi Spuren hinterlassen.

Später, als ich im komfortablen Überlandbus nach Süden sitze, lehne ich den Kopf an die Scheibe, lasse den Tränen freien Lauf. Alles verschwimmt. Die blechgedeckten Hütten, die protzigen Betonbauten, die fetten SUVs und die klapprigen Schrottkarren, liegengebliebene LKW-Wracks, die zum Gottesdienst gekleideten Kirchgängerinnen und die wirbelnden Kinder in ihren Lumpen, die stolzen Frauen und die dürren Männer – langsam gleite ich mit diesen Bildern hinaus aus der Stadt meiner

Kindheit, in der sich so wenig verändert hat und die ich doch kaum wiedererkannt habe. Verschwommen auch die übersteuerten Ansprachen der Werbetreibenden, die vorne neben dem Fahrer per Mikro ihre Waren anpreisen, Gesundheitstipps zum Besten geben und dann wieder zum gemeinsamen Gebet im Namen irgendeiner der vielen christlichen Kirchen aufrufen. Das alles verschwimmt, gleitet hinüber in die bewaldete Landschaft, denn wir haben die Stadt, die einmal mein Sehnsuchtsort war, verlassen. Und ich sehe die Frauen am Straßenrand mit ihren schweren Schüsseln auf dem Kopf, sie erscheinen mir alle wie eine: Ich sehe Amelé. Instinktiv hebt sich meine Hand, um ihr zu winken, erst dann kehrt die bittere Erkenntnis zurück, dass ich Amelé nie mehr auf der Straße werde gehen sehen und dass keine dieser Frauen diesen Verlust wird ersetzen können. Und doch beruhigt es mich ein wenig, die Frauen, die Landschaft, die Orte vorbeiziehen zu sehen, Bafilo, Koumonde, Alédjo, das größere Sokodé mit dem umtriebigen Markt, Babade, Sotouboua … Längst sind wir da aus den Bergen und Wäldern wieder heraus, und die Landschaft ist flach und eintönig und ich falle in einen leichten Schlummer. Tchébébé, Anié.

Der Lärm im und um den Bus, der nur noch langsam und ruckelnd vorwärtskommt, weckt mich. Wir halten an einer Kreuzung in Atakpamé, und der Entschluss durchfährt mich wie ein Stromschlag: Hier muss ich raus! Ein spontaner Impuls. Ich rufe dem Busfahrer zu:
»Ouvrir!«[45]

---

45 »Öffnen!«

Draußen umringen mich Moto- und Taxifahrer. Darunter auch der, mit dem wir auf der Hinfahrt aneinandergeraten waren.

»Wo willst du hin?«, fragt er barsch.

»Keine Ahnung!«, sage ich.

»Wo ist ,keine Ahnung'? Kenne ich nicht!«

»Vielleicht nach Kpalimé!«

»Das ist weit!«

»Weiß ich!«

»Was zahlst du?«

»Was es kostet!«

»Willst du wieder streiten?«

Ich drücke ihm ein paar Tausend Franc in die Hand, weiß selbst nicht, wie viele Scheine es sind und auch er zählt nicht, sondern winkt mir, einzusteigen.

»Wo ist deine hübsche Freundin?«, fragt er, während wir über die löchrige Teerstraße die Abzweigung von der N1 hinunterrattern.

»Können wir einfach schweigen?«

»Hm ... die ganze Fahrt lang?«

»Wenn's geht, ja. Richtet sich nicht gegen dich. Ich kann grade nicht mehr reden!«

»Nicht mehr reden ...«, wiederholt der Fahrer meine letzten Worte, schüttelt den Kopf und dreht die Musik auf. Reggae, was sonst? Nicht der alte Bob Marley diesmal. Diesmal ist es Nneka, die junge Sängerin aus dem benachbarten Nigeria:

Africans!
You keep pushing the blame on our colonial fathers
You say they came and they took all we had processed ...
Wake up world!

*Ihr schiebt weiterhin die Schuld auf unsere kolonia-
len Väter*

*Ihr sagt, dass sie kamen und uns alles nahmen, was
wir besaßen ...*

Welt, wach auf![XXIII]

Ich kurbele das Seitenfenster runter und versuche, neben
den tausend anderen Gerüchen, die hereinwehen, den
Duft meiner Kindheit herauszuschnuppern. Von den vielen Fahrten auf dem Moped her erinnere ich mich an
Claude und seinen Geruch. Doch hier überwiegt der Geruch nach Eisen. Irgendetwas am Wagen schleift.

»Ich glaube, wir haben eine Panne!«, rufe ich laut
gegen den Reggae an.

Der Fahrer antwortet laut und inbrünstig: »Egou!«

»Egou? Dein Mechaniker?«

»Du kennst Egou nicht, den Gott des Eisens? Er hält
die Karre zusammen!«, erklärt er ohne jede Ironie.

»Ich glaube, wir brauchen eher eine Werkstatt!«

»Eine Werkstatt ist gut, aber auf Egou kannst du nicht
verzichten!«

Ich schließe die Augen. Werde ich mir eines Tages
dieses afrikanische Denken zu eigen machen, Abschied
nehmen von der nüchternen, angeblich ja unerschütter-
lichen Logik der Europäer, und auf Götter vertrauen,
die mir beistehen, wenn statt einer nötigen Reparatur
nur der »Gott des Eisens« angerufen wird? Jedenfalls
kommen wir, begleitet von Nnekas Gesang und lauten
Schleifgeräuschen, heil an. Ich steige am Taxistand von
Kpalimé aus.

Keiner der vielen Motofahrer, die ich frage, kennt Claude. Meinen Claude, denn Jungs mit dem Namen Claude scheint es hier wie Sand am Meer zu geben, und jeder Motofahrer bietet an, mich zu seinem »Claude« zu bringen. Im Gewusel von Kpalimé Claude zu finden, nach dem ich mich sehne, gleicht der Suche nach der berühmten Nadel im Heuhaufen. Nicht einmal ein Handy habe ich mehr, seitdem ich meines weggeworfen habe. Damit habe ich mich von der Welt abgeschnitten, und jetzt fühle ich mich einsam und hilflos.

Der Tag geht bereits zur Neige, und so lasse ich mich ins Hotel »Le Geyser« bringen, buche beim Rezeptionisten, der sich freut, mich wiederzusehen, ein Zimmer für eine Nacht. Ich darf jetzt mein immer knapper werdendes Geld nicht verschwenden, denn ich weiß nicht, wie lange ich damit auskommen muss. Den Rezeptionisten frage ich nach Claude, dem Motofahrer.

»Claude?«, fragt er verwundert. »Der ist doch in Benin, Cotonou, glaube ich, auf der Suche nach Arbeit. Ob er überhaupt zurückkommt, weiß kein Mensch!«

»Ich muss ihn erreichen, aber sein Handy ist geklaut worden!«

»Er hat längst ein neues!«

»Kannst du ihn für mich anrufen?«

»In Cotonou?«

»Ja, bitte!«

»Willst du ihn dort suchen? Das kannst du vergessen!«

Mir zuliebe und weil ich nicht zu betteln aufhöre, tippt er eine Nummer.

»The participant is currently unavailable … «, tönt es aus dem Gerät. Nicht erreichbar.

»Sag ich doch: Vergiss ihn!«, säuselt der Rezeptionist und klappt sein Phone zu. »Versuch's doch mal mit mir … «

»Spinnst du? Ich bin wählerisch!«, fauche ich und lasse ihn stehen.

Jetzt kriege ich den fetten Blues. So einsam habe ich mich noch nie gefühlt. Gehe an den verlassenen Pool, lasse Tränen des Selbstmitleids rinnen. Ich höre, wie in der Ferne der Rezeptionist hereindrängende Jungs verscheucht, steige mit den Kleidern ins Wasser, lasse mich treiben, sinke unter Wasser, kaum ein Impuls, wieder aufzutauchen. Schlucke Wasser und sinke. Sehe verschwommen den Rezeptionisten, wie er, ebenfalls in voller Montur, zu mir herabtaucht und mich hochzieht.

»Bist du verrückt?«, schreit er mich an, während ich von Hustenanfällen geschüttelt werde.

»Du sollst mich in Ruhe lassen!«, zische ich.

»Nicht, wenn du vorhast, dich hier zu ertränken! Bleib weg vom Pool, verstanden!«

Widerwillig trotte ich in mein kleines Zimmer, das billigste, das im Le Geyser zu bekommen war, lasse mich aufs Bett fallen und die Gedanken ziehen.

›An dem Feuer, das dich verbrennt, hast du dich gerade noch gewärmt!‹

Wo habe ich diesen Satz, der meine Lage so trefflich beschreibt, gelesen?

Richtig! In eine Wand geritzt, neben vielen anderen Sprüchen und Namen und Herzen. In einem deutschen Gemäuer, an dem der tropische Urwald nagt: Missahoé! Der Ur-ur-Urenkel! Wer wenn nicht er kann mir jetzt weiterhelfen?

Dem Wunder die Hand hinhalten

Tatsächlich muss ich dem Motofahrer, der mich zu allen möglichen Sehenswürdigkeiten bringen will, den Weg beschreiben. Denn zur alten Station der Deutschen auf Missahoé ist er noch nie gefahren. Er sträubt sich, den halsbrecherischen Pfad durch den Urwald hinunterzufahren, ist selbst erstaunt, plötzlich mitten im Wald auf eine immer noch schnurgerade Allee zu stoßen, und mag meiner Aufforderung, alleine zurückzufahren, nicht folgen, obwohl ich ihn bereits bezahlt habe. Er ist ganz sicher, dass ich nicht lange hier ausharren werde. Doch ich bestehe darauf, dass er fährt, bevor ich das Gebäude betrete.

Gänge und Räume sind leer, wie ehedem. Ein paar weitere Namen und Sätze scheinen seit meinem letzten Besuch in die Wand geritzt worden zu sein. Aber von dem Ur-ur-Urenkel, den ich suche, keine Spur. Ich weiß allerdings, wie gut seine Ohren sind. Auch wenn ich ihn weder höre noch sehe, weiß ich, dass er da ist und mich längst bemerkt hat. Zeit, dem Versteckspiel ein Ende zu bereiten.

»Nicht müde werden, sondern dem Wunder die Hand hinhalten, wie einem Vogel«, rufe ich, und meine Stimme hallt in den alten Gemäuern wider. Dann ist es still. Mir scheint, auch der Urwald schweigt.

Ich streife, mit den Fingernägeln über den bröckelnden Putz kratzend, von Raum zu Raum. Steige die Treppe hinauf, die immer noch so unversehrt ist, als hätten die deutschen Kolonialherren erst gestern Missahoé verlassen. Oben nimmt mich sogleich der Blick auf den Mont Agou gefangen. Das Tal, bewaldet bis hin zum höchsten Berg Togos, explodiert geradezu von sattem Grün, der Gipfel ruht im Nebel.

»Der Blick ist immer noch überwältigend. Vielleicht kannst du jetzt, wo du ihn wiedersiehst, ermessen, warum auch die Deutschen verrückt danach waren!«

Ohne mich nach der Stimme umzuwenden sage ich: »Mein Name ist nicht Puttkamer, und ich komme nicht, um die Station in Besitz zu nehmen. Ich suche einen Ausweg!«

»Du meinst: Heimweg!«

»Mich zieht es nicht nach Deutschland. Weniger denn je!«, sage ich.

»Es ist ein alter Irrtum, anzunehmen, dass die Heimat eines Menschen dort ist, wo er aufgewachsen ist. Hat nicht einer eurer Philosophen von der Heimat gesprochen, die uns in die Kindheit scheint – und in der noch niemand wirklich war? Hat er nicht gesagt, dass die Heimat zugleich eine Erinnerung und eine große Hoffnung ist?[XXIV]«

»Ich werde also nie ankommen?«

»Hast du deine Amelé nicht gefunden?«

»Doch, aber sie ist tot!«

»Das habe ich befürchtet.«

»Wieso?«, wende ich mich erstaunt zu ihm um.

»Deswegen!«, sagt er und kramt aus der Tasche seiner

ausgewaschenen alten Jacke ein kleines Figürchen. Das Hölzchen steckt ihm noch immer im Mund wie eine Zigarre.

»Das Zudeme, das Amelé mitgebracht hat!«

Er nickt: »Und es ist immer noch verschlossen! Statt seiner Besitzerin Schutz zu gewähren, brachte es Unheil.«

Ich ziehe dem Figürchen das Stöckchen aus dem Mund, befreie die Wünsche, die, wenn man dem Glauben der Menschen hier folgt, in ihm festgehalten sind. Ob ich selbst daran glaube, weiß ich noch nicht. Jedenfalls kann es nicht schaden, die Wünsche frei zu lassen.

»Woran erkenne ich, dass Amelés Wünsche nun in Erfüllung gehen? Ich weiß ja gar nicht, was sie in das Zudeme gesprochen hat.« Ich gebe ihm das winzige Figürchen zurück.

»Ich denke, du weißt, was sie gewünscht hat.«

Ich nicke: »Sie hat sich nur Sorgen um Aninam gemacht.«

»Aninam?«

»Ihr Sohn, beziehungsweise mein Bruder, was aufs selbe hinausläuft!«

»So also liegen die Dinge«, flüstert er, eher zu sich selbst.

»Könnte ich eine Weile hier bei Ihnen wohnen?«, frage ich dann unvermittelt. Aber der Ur-ur-Urenkel zögert keinen Augenblick, so als habe er diese Frage bereits erwartet.

»Wir besorgen dir eine Matratze. Und such dir einen Raum, der dir gefällt.«

»Ich möchte den Raum mit dem Wunder, dem ich die Hand hinhalten soll wie einem Vogel!«

Er nickt: »Gute Wahl!«

Die folgenden Tage, vielleicht sind es auch Wochen, verbringe ich mit diesem alten Mann, dessen Namen ich nicht kenne und den ich ehrfurchtsvoll weiterhin sieze. Ich helfe ihm bei der Erdnussernte, gieße seine Yamspflanzung, besorge mit Hilfe eines Motofahrers einen Sack Reis, streife durch die Räume auf der Suche nach weiteren Sätzen wie dem von Hilde Domin. Weitere Inschriften auf Deutsch finde ich nicht, lasse mir vom Urenkel deshalb die afrikanischen Worte übersetzen.

Selten kommen Besucher zur Station, und meistens entdecken sie uns gar nicht. Wenn wir ihnen dennoch begegnen, halten sie mich für eine Besucherin, den Ur-ur-Urenkel aber für meinen Fremdenführer.

Ich habe keinen Plan, wie es weitergehen soll, kein Ziel, das mich antreiben würde. Das Glück, dem ich versuche, die Hand hinzuhalten wie einem Vogel, ist für mich nach Amelés Tod unvorstellbar. Nichts, was mich trösten könnte. Höchstens vielleicht Claude, wenn er hier auftauchen würde. Doch selbst wenn er tatsächlich aus Cotonou zurückkehrte, wüsste er noch lange nicht, dass ich in Kpalimé bin und hier auf ihn warte. So viel Wunder kann kein Vogel aufpicken. Das ist mir schon klar.

Und doch steht an einem dieser Tage, die ich zu zählen aufgehört habe, ein rostiges Moped vor der Station. Wir sind gerade von einem Erdnussfeld zurückgekommen.

»Wir haben Besuch«, bemerkt der Ur-ur-Urenkel lakonisch und lächelt.

»Die Schrottkiste kenne ich!« Ich werde sofort unruhig, denn ich weiß, wer diese Karre gefahren hat: Yao! Der Spion, der bisher all meine Bewegungen gehorsam weitergemeldet hat. Wenn er mich gefunden hat, haben mich alle gefunden!

Ich drehe auf dem Fuß um, laufe in den angrenzenden Wald und verstecke mich. Doch der Ur-ur-Urenkel schreitet unbeirrt voran und betritt die Station, während ich im Busch kauere und unentschlossen bin, ob ich mich nach Kpalimé absetzen soll oder hier warten, bis Yao unverrichteter Dinge wieder abzieht. Auf keinen Fall will ich jedenfalls meinen Eltern begegnen.

Die Entscheidung wird mir abgenommen, indem der Ur-ur-Urenkel die Treppe herunterkommt und geradewegs auf mich zukommt. In seinem Schatten bewegt sich der Besucher, und erst als sie so nah sind, dass der Ur-ur-Urenkel mich ruft, erkenne ich ihn: Aninam! Sofort krieche ich aus meinem Versteck und laufe auf ihn zu. Wir fallen uns in die Arme, wie Geschwister, denke ich und erinnere mich daran, dass wir ja tatsächlich Geschwister sind.

»Wie hast du mich gefunden?«

»Oh, das war eine Odyssee!«, sagt er und grinst.

»Erzähl!«

»Erst bin ich ins Centre zu dieser Kathi. Nettes Mädchen. Hat aber einen doofen Freund!«

»Kathi hatte doch keine Ahnung, wo ich bin!«

»Aber sie hatte dein Handy und meinte, du bist bei Claude.«

»Was leider nicht gestimmt hat.«

»Aber der Rezeptionist vom Le Geyser hat schließlich Claudes neue Handynummer rausgerückt. Ich habe Claude natürlich sofort angerufen.«

»Du hast ihn erreicht?« Mein Herz beginnt zu klopfen. »Gib mir seine Nummer!«

Aninam lächelt verschmitzt und drückt mir einen Zettel in die Hand. Offenbar hat er meinen Wunsch bereits geahnt und alles vorbereitet.

»Trotzdem wusste ja auch Claude nicht, wo du mich finden würdest!«

»Er hat gesagt, dass du hierher kommen würdest, wenn du zu ihm wolltest. Weil ihr beide hier wart und er dir hier eine Liebeserklärung gemacht hat.«

»Was für eine Liebeserklärung?«

»Togoische Jungs sind ein bisschen schüchtern ...«

»Das wäre mir neu!«

»Er sagt, er hat dir auf den Arm geschrieben.«

»Ja, das schon.«

»Na also!«

»Und kommen jetzt auch meine Eltern hierher?«

»Papa hat Tchaa aus dem Knast geholt, Mamans Beerdigung bezahlt und für mich alles geregelt. Dann wurde er leider krank. Ziemlich schwer. Denguefieber! Er war wie gelähmt, hatte Schmerzen am Kopf, in Muskeln und Gelenken. Anne und er sind deshalb auf schnellstem Wege zurück nach Deutschland geflogen. Papa hat mich vor dem Abflug angefleht, dass ich dich finden und dazu bringen soll, ihn anzurufen. Er macht sich riesige Sorgen um dich. Deshalb bin ich hier!«

»Du kannst ihm sagen, dass es mir gut geht.«

»Sag's ihm selbst, dann ist er beruhigt!«

Ich schüttele nur den Kopf. Mit meinen Eltern will ich bis auf weiteres keinen Kontakt haben. Vor allem mit meinem Vater nicht.

»Tse!«, schnalzt Aninam mit der Zunge und schüttelt ebenfalls den Kopf: »Ihr Europäer seid einfach keine Familienmenschen! Aber für uns Afrikaner ist die Familie das Größte.« Er sieht mich mit weit aufgerissenen, feuchten Augen an: »Tu es, bitte, für unsere Familie!«

»Ich habe eine Scheiß-Familie!«

»Stopp! Ich gehöre auch zu deiner Familie! Schon vergessen?«

»Du bist da der einzige Lichtblick!«, erkläre ich.

»Das sehe ich genau andersherum! Zum ersten Mal habe ich eine ganze Familie, in der alle füreinander einstehen. Das ist wie ein Glückslos!«

»Seit wann stehen meine Eltern für dich ein?«

»Leider erst, seitdem Maman tot ist. Aber in Zukunft immer!«

»Was tun sie denn schon für euch? Zahlen Amelés Beerdigung und Tchaas Freilassung. Das ist ja wohl das Mindeste. Zusammenhalt sieht für mich anders aus.«

»Immerhin: Papa erkennt mich als seinen Sohn an.«

»Er ist ja objektiv dein Vater. Was sonst soll er machen?«

»Genau: Er ist mein Papa. Er will, dass ich zu ihm komme, bei euch zur Schule gehe, dann einen Beruf lerne …«

»Das fällt ihm ja früh ein! Was für einen Beruf?«

Ich traue dem Frieden immer noch nicht. Immer noch erwarte ich, dass ein Haken kommt, eine Klausel, mit der sich meine Eltern Amelés Familie vom Hals halten wollen.

»Ist noch ein schweres Wort für mich: Tex-til-di-sai-ner!«

»Huch?«

»Wie, huch? Habe meine ganze Kindheit in Mamans Schneiderladen verbracht. Ich kann das!«

»Und du glaubst allen Ernstes, dass meine Eltern das für dich tun?«

»Absolut! Vor seiner Abreise war Papa schon mit mir auf dem neuen Markt in Kara, und wir haben nach einem passenden Laden gesucht.«

»Du kennst meine Eltern nicht.«

»Ich finde sie nett!«

»Nach allem, was sie euch angetan haben?« Ich fasse es nicht. Aber Aninam greift nach meiner Hand und drückt sie an die Brust:

»Du tust den Eltern unrecht! Der Grund, warum sie damals geflohen sind und mit uns nichts mehr zu tun haben wollten, warst du. Und ihre Sorge war nicht unbegründet. Schau, was ich in Tchaas Zimmer gefunden habe!«

Er holt aus der Tasche ein Büschel feines Kinderhaar.

»Wem gehört das?«, frage ich – und weiß es doch gleich. Solches Haar hatte ich als kleines Kind. Ich schnappe nach Luft: »Und unsere Eltern glauben das?«

»Frag sie doch selbst.« Aninam drückt mir mein Handy in die Hand und wartet, dass ich anrufe. Ich aber gehe in meinen Raum in der alten Station und versichere mich, dass niemand lauscht. Dann hole ich Aninams Zettel hervor und wähle die Nummer. Erst herrscht lange Stille, dann knackt und rauscht es, endlich kommt der Klingelton.

»Ha...llo!«, krächzt es aus großer Ferne.

»Hier ist Juli. Wie der Sommermonat. Erinnerst du dich?«

Kratzen, Rauschen, Piepsen, Bruchstücke fremder Gespräche …

»Hallo!«, brülle ich, so laut ich kann.

Aninam kommt herein, fragt, ob es Probleme gibt. Und ich will schon ganz schnell das Telefonat abbrechen, als von der anderen Seite ein ›Jüli‹ ertönt.

»Ja«, schreie ich. »Ich bin in der deutschen Station in Kpalimé. Wie du vermutet hast. Wann kommst du?«

»Jül…«, geht die nächste Silbe in Störgeräuschen unter. Dann ist die Verbindung unterbrochen.

»Schlechte Verbindung?«, fragt Aninam besorgt und zückt ein nagelneues Handy, das ich bei ihm noch nie gesehen habe.

»Woher hast du das?«

»Papa!«

Natürlich stellt Aninam mit seinem neuen Handy die Verbindung nach Deutschland sofort her.

»Ich habe Juli gefunden!«, flötet Aninam voller Stolz.

»Nein, für euch bin ich weg!«, schreie ich dazwischen. Aninam reicht mir sein Handy. Ich drücke das Gespräch weg.

»Warum?«, fragt Aninam verständnislos. »Du wolltest doch selbst anrufen.«

»Nicht meine Eltern!«

»Wen dann?«

»Claude! Aber die Verbindung nach Cotonou ist schlecht!«

Aninam ist fassungslos. Irgendwie will es ihm immer noch nicht in den Kopf, dass eine Tochter tatsächlich mit ihrer Familie bricht. Ich sehe ihm an, dass es in ihm arbeitet. Schließlich schluckt er alle Fragen und Vorwürfe herunter und sieht mich offen an:

»Kommst du wenigstens mit mir? Ich wohne wieder bei Tchaa in Kara!«

Ich hätte auch das abgelehnt, wenn nicht völlig geräuschlos der Ur-ur-Urenkel hinter Aninam aufgetaucht wäre und mir entschieden zugenickt hätte.

»Woher weiß Claude dann, wo er mich findet?«

»Ich schicke ihn zu euch nach Kara!«, sagt der Ur-ur-Urenkel. »Aber um eine Rückkehr zu deinen Eltern wirst du trotzdem nicht herumkommen!«

»Warum nicht?«

Statt einer Antwort hält er das geöffnete Zudeme hoch und gibt es mir: »Für deinen Vater!«

Drei Tage später steht Claude zu später Stunde vor Tchaas Haus. Es ist schon dunkel.

»Jüli!«, trällert er.

Ich kann nicht anders: Ich springe auf und fliege ihm in die Arme, obwohl ich mich schon zwischen den Frauen zur Ruhe gelegt hatte. Ich küsse ihn. Er lacht und auch ich muss lachen. Tatsächlich, wir küssen uns!

»Wo kann ich schlafen?«, fragt er. In meinem Kopf rattert es. Hier in dem Schlafraum der Frauen, der von morgens bis abends unter Beobachtung steht, kann ich unmöglich einen Jungen schlafen lassen. Schließlich schlüpfe ich in meine Jeans und führe Claude unauffällig vor die Tür. Dort schwingen wir uns auf sein Moto. Ich schmiege mich an Claudes Rücken und schließe die Augen. Wieder laufen die Tränen, diesmal aber vor Glück. Der Fahrtwind kühlt wunderbar, und nach einer guten Viertelstunde haben wir Amelés Hütte erreicht. Schnell haben wir eine Matte für Claude ausgerollt. Claude verspricht, mich am nächsten Tag abzuholen und ich mache mich beschwingt auf den Rückweg ins Centre.

Es ist Wochenende und wir fahren, aneinander gequetscht, mit sieben weiteren Fahrgästen in einem schrottreifen und ungefederten Buschtaxi. Und es ist mir weder zu eng noch zu ungemütlich. Bei jedem Schlag lachen Claude und ich, und wir küssen uns. Wir sind auf dem Weg ins Tamberma-Land zu den aus Lehm erbauten runden Turmhäusern, »Tata Somba« genannt. Ich rieche unter den tausend anderen Gerüchen, die durch die geöffneten Fenster hereinwehen, Claudes Geruch und versuche zu verbergen, dass mir schon wieder die Tränen kommen.

Bald erheben sich am Horizont die Berge, das Land wunderbar grün, die Straße gesäumt von weißen Eukalyptusbäumen, weit dahinter die strohgedeckten kleinen Gehöfte. Frauen und Kinder füttern dort ein Feuer mit zusammengerechtem Grün. In der Luft ein angenehmer Duft nach verbrannten Kräutern. Vor einer Hütte wirft eine Frau im orangenen Kleid Büschel von gelbem Gras und Kräutern in ein orangefarben loderndes Feuer. Ich zeige Claude dieses wunderbare Bild da draußen und er lächelt und küsst mich.

Je näher wir dem Tamberma-Land kommen, desto majestätischer erheben sich die charakteristischen Lehmbauten in der Landschaft. Die Erdhäuser mit ihren hohen Dächern stehen wie stille Zeugen der Geschichte und Kultur der Tamberma-Gemeinschaft.

Die Straße wird zu einem Pfad, der sich durch Hügel und Täler schlängelt, während sich die Umgebung mit jedem Kilometer verwandelt. Die Luft ist erfüllt von der Stille der Savanne, durchbrochen nur vom Vogelgesang und dem sanften Rauschen des Windes.

»Was wirst du jetzt machen?« Claudes Frage kommt unvermittelt. »Zurück nach Deutschland?«

»Wieso denken alle, dass ich wieder nach Deutschland will?«

»Was dann?«

»Das, wofür ich mich gemeldet habe!«

»Was ist das?«

»Ich trete meinen Freiwilligendienst im Centre Togo Vision an. Bei Moise und den Jugendlichen.«

»Dem Wunder die Hand hinhalten wie einem Vogel«, sagt Claude. Ich muss lachen.

»Hast du dir tatsächlich den Vers von Hilde Domin gemerkt?«

»Ja!« Und dann:

»Also doch Entwicklungshilfe? Ich dachte, die ist total sinnlos«, sagt er und schaut schmunzelnd hinaus in die vorbeiziehende Savanne. Doch ich spüre, dass er zutiefst zufrieden ist, weil ich nicht so schnell verschwinde wie fast alle *Weißen*, die hierherkommen.

»Ich seh's inzwischen so«, versuche ich eine Erklärung, ganz, als ginge es Claude wirklich um Entwicklungshilfe und nicht in Wahrheit um uns beide: »Was ich hier mache, mag völlig ineffektiv sein, vielleicht sogar kontraproduktiv, aber das betrifft nur das Materielle, Äußerliche. In meinem Kopf hingegen hat sich etwas gewaltig entwickelt. Ich verliere Illusionen und gewinne an Erfahrung.«

»Dient Entwicklungshilfe nur der Entwicklung in den Köpfen der Helfer?«, fragt Claude und lacht laut.

»Mit den Erfahrungen ist es wie mit dem Schmetterlingseffekt[XXV]: Bewegt sich in meinem Kopf etwas, löst das immer auch eine Bewegung im Kopf vieler anderer aus!«

»Also!«, sagt Claude, so, als habe diese Erkenntnis eine unausweichliche Konsequenz.

»Also was?«

»Also telefonierst du jetzt mit deinem Papa?«

»Fängst du jetzt auch noch damit an?«

FIN

Danke!

Die Arbeit an diesem Roman hat sich sehr lange hingezogen und war weitaus aufwändiger, als ich erwartet habe. Auch war lange nicht klar, ob ich dieses Projekt überhaupt zu einem Ende bringen würde, so betriebsblind war ich inzwischen geworden. Deshalb musste ich sehr viele Helfer bemühen, denen mein großer Dank gilt.

Da ist zuallererst Micky zu nennen, mit der ich all die Reisen, auf denen dieser Roman fußt, unternehmen durfte. Dann Simon und all die weltwärts-Freiwilligen, die mir so bereitwillig von ihren Erfahrungen berichteten. Schließlich, im Schreib- und Überarbeitungsprozess danke ich Laura, Iris, Bernd, Gado, Thomas, Frau Horlemann und all den anderen, die ich als Probeleser gewinnen konnte und deren Anregungen ich dankbar aufgenommen habe. Vor allem seien hier aber Christa und Siegfried Ludwig genannt, die mir mit ihrer ehrlichen Kritik und ihren Ermutigungen sehr weitergeholfen haben. Schließlich sei Mike Schaefer gedankt, dessen gründliches Lektorat dem Roman den letzten Schliff gab.

Euch allen bin ich in tiefer Dankbarkeit verbunden!

Glossar

I   Get Up Stand Up, Bob Marley & The Wailers, Album: Burnin', Label Tuff Gong, Island Records, 1973

II   Die Wurzelknollen der Yams erreichen eine Länge von bis zu 2 Metern; ihr Geschmack ist süßlich und ähnelt dem von Esskastanien und Kartoffeln. Sie haben eine dunkelbraune bis schwarze Haut.

III   Das Feuer in der Nacht zerstörte nicht nur Waren, sondern auch die Lebensgrundlage vieler Familien. Nach dem Brand wurde über die Ursache spekuliert. Ein Pfarrer der gegenüberliegenden Kirche hatte einen Trupp Soldaten gesehen, der nachts in das Gebäude eingebrochen war und Benzin verschüttet hatte.

IV   Bob Marley & the Wailers vom Album Catch a Fire (1973)

V   Als Nahrungsmittel werden die Wurzelknollen der Maniokpflanzen verwendet. Die Knollen können ein Gewicht von bis zu 10 kg erreichen. Im rohen Zustand sind sie giftig. Um sie zu entgiften, muss die Knolle gründlich zerkleinert, zu Mehl gemahlen und stark erhitzt werden.

VI   Bob Marley & the Wailers - Burnin' And Lootin' - Album: Live! 1975.

VII   Angeblich handelte es sich um einen Anschlag der Franzosen, weil der Diktator die Phosphatminen verstaatlichen wollte. Das war am 24. Januar 1974. Offiziell hat nur er überlebt und damit seine magischen Kräfte unter Beweis gestellt. Ein Entwicklungshelfer, der nach dem Absturz vor Ort war, hat allerdings versichert, dass die Maschine ziemlich unbeschadet und völlig überladen mit Champagnerflaschen war. Das Wrack, das heute gezeigt wird, ist komplett zerstört. Jedenfalls war der Absturz ein willkommener Anlass, Togos Phosphatminen in den Privatbesitz des Präsidenten zu überführen.

VIII Mária Esterházy de Galántha war befreundet mit Mark Twain, förderte den Autor Arthur Schnitzler und unterstützte den Komponisten Gustav Mahler.

IX Die Station Misa-Höhe war offiziell eine Forschungseinrichtung. Tatsächlich diente sie der Kolonialpolitik. Sie lag in einem damals zwischen Großbritannien und Deutschland umstrittenen Gebiet. Durch die Stationsgründung bekräftigten die Deutschen ihren Anspruch auf Togo. Von hier aus brachen sie mit ihren afrikanischen Söldnern auf, um den Norden des Landes zu unterwerfen.

X Wegen seiner umstrittenen Konzessionspolitik, vor allem aber wegen seines rigiden, autokratischen Herrschaftsstiles (»Puttkamerei«), der u. a. 1906 zu einer Petition des Akwa-Klanes an den »allerdurchlauchtigsten allergnädigsten deutschen Reichstag Berlin« führte, die auf die Missstände in Kamerun hinwies, geriet Puttkamer unter erheblichen öffentlichen Druck. Unter anderem wurden der Kolonialverwaltung unter seiner Ägide willkürliche Enteignungen, Zwangsumsiedlungen und ein erhebliches Maß an Brutalität vorgeworfen. Die Verhängung drakonischer Gefängnisstrafen gegen die Unterzeichner der Petition führte schließlich zu einem politischen Skandal. Zentrum und Sozialdemokraten prangerten die Misswirtschaft Puttkamers an, woraufhin er zur Berichterstattung nach Berlin zurückbeordert wurde, was seiner Absetzung gleichkam. Die Absetzung Puttkamers basierte bezeichnenderweise nicht auf den obengenannten Vorwürfen, sondern auf einigen kleineren Affären, die er sich hatte zuschulden kommen lassen, wie etwa einer Passfälschung zugunsten einer Lebedame, mit der er näher bekannt war.

XI   http://www.bonner-aufruf.eu/pdf/Memorandum.pdf

XII   Baobabs, auch Affenbrotbäume genannt, haben einen re-
        lativ kurzen, extrem dicken Stamm. Die Baumkrone besteht
        aus kräftigen, oft unförmig erscheinenden Ästen, die eine
        weit ausladende Krone bilden. Im unbelaubten Zustand
        erinnert die Astkrone an ein Wurzelsystem, was zu der
        Legende beigetragen hat, der Affenbrotbaum sei ein vom
        Teufel verkehrt herum gepflanzter Baum.

XIII   Der Kapokbaum ist ein mächtiger Baum mit schirmförmiger
        Krone, der Wuchshöhen von bis zu 75 Metern und einen
        Stammdurchmesser von über drei Metern erreicht.

XIV   Fufu, ein stärkehaltiger Brei aus Maniok oder Yams und
        Kochbananen

XV   Text von Bob Marley & the Wailers, Could you be loved
        vom Album Uprising 1980.

XVI   One Love, Bob Marley & The Wailers 1977 Album Exodus

XVII   Soul Rebel (1970) - Bob Marley & The Wailers

XVIII   In den 1970er Jahren unterhielten Deutsche, allen voran
        der ehemalige bayerische Ministerpräsident Franz Josef
        Strauß, beste Beziehungen nach Togo und zum Diktator
        Gnassingbé Eyadéma: Sie kamen mit einer bayerischen
        Brauerei, einer Rosenheimer Wurstfabrik, einer deutschen
        Hafenleitung, einem Baukonsortium aus München, einem
        deutschen »Seemannsheim«, einer bajuwarischen Trinksta-
        tion namens »Alt-München«, einem »Edelweiß«-Gasthaus,
        der »Bayerisch-Togoischen Gesellschaft«, einem SOS-Kin-
        derdorf, und so weiter und so fort.

XIX   Natty Dread, Bob Marley & The Wailers, Tuff Gong/Is-
        land Records, 1974

XX   Die Kinder werden entführt und nach Nigeria, Benin, Ka-
        merun, Liberia oder Gabun verkauft, wo sie als Zwangs-
        arbeiter enden. Die älteren Mädchen bleiben ohnehin im
        Heim, denn ihnen droht auf der Straße das unbarmherzige
        Los afrikanischer Prostituierter.

XXI Französische Bezeichnung für Yams-Wurzeln

XXII Stark gesüßtes Hibiskusblüten-Getränk.

XXIII Nneka, Africans - © 2007 Yo Mama's Recording Company GmbH

XXIV Ernst Bloch: Das Prinzip Hoffnung - Suhrkamp, Frankfurt am Main 1985

XXV Die Veranschaulichung des Schmetterlingseffekts am Beispiel des Wetters stammt von Edward N. Lorenz: »Kann der Flügelschlag eines Schmetterlings in Brasilien einen Tornado in Texas auslösen?«

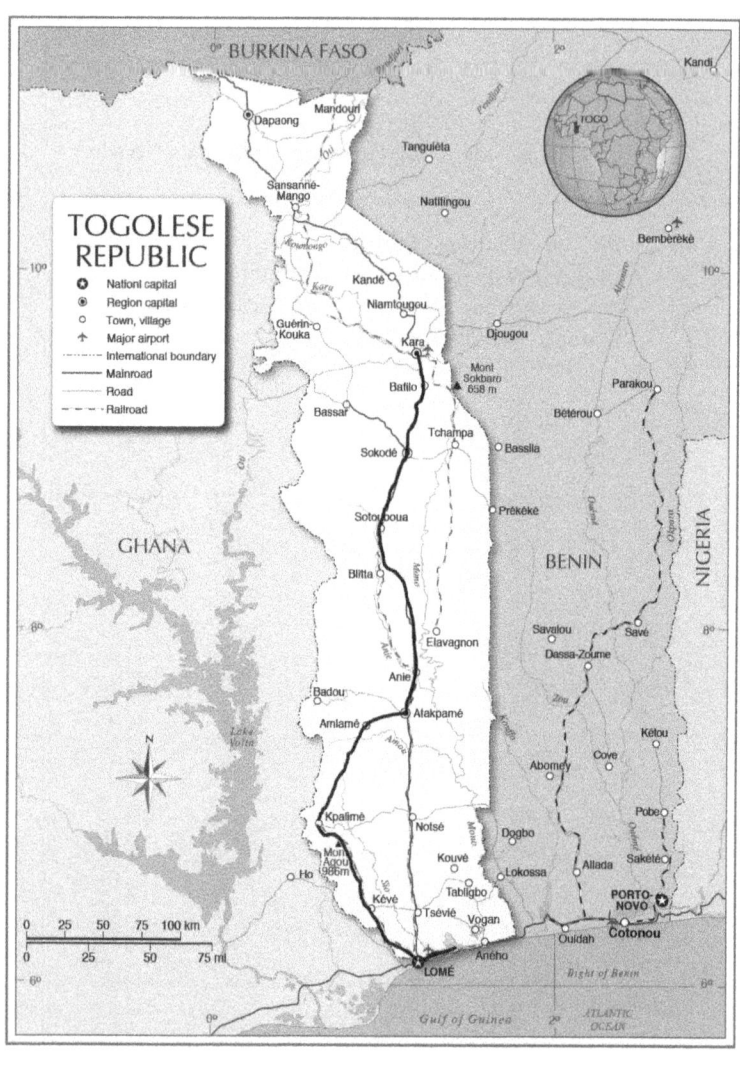

Quelle: https://www.orangesmile.com

Anazarah
von Andreas Kirchgäßner
Klappenbroschur
ISBN: 978-3-89502-305-7
168 Seiten

»Ein Pfiff gellte aus der Ebene. Das gelbe Morgenlicht über-
flutete die Wüste. In der Ferne erkannte ich zwei Kamele. Sie
bewegten sich schnell auf mich zu. Bald erkannte ich auf einem
der Tiere Abderrahmane.«

»*Anazarah*« (arabisch: die Weißen) ist die Geschichte der 14jäh-
rigen Sarah, die mit ihrer Mutter und deren neuem Freund nach
Südmarokko reist. Auch Sarahs großer Hund Basti ist mit von
der Partie. Mit dem Landrover dringen sie in die Sahara vor.
Doch bald geraten sie in einen gefährlichen Sandsturm. Dem
Sturm folgt ein Wolkenbruch. Das ausgetrocknete Flussbett, in
dem sie Zuflucht gefunden haben, wird zum reißenden Strom.
Als sie ihren Hund aus dem Wasser retten will, wird Sarah mit-
gerissen und fortgespült. Weit flussabwärts kommt sie zu sich.

Gefunden wird sie vom Beduinenjungen Abderrahmane.
Gemeinsam ziehen sie mit seinen beiden Kamelen auf der Suche
nach Sarahs Mutter durch die Wüste. Sie geraten in gefährliche
Situationen und leiden unter Hunger und Durst. Doch Abderrahmane ist erfahren und bringt Sarah viel über das Leben in
der Wüste bei. Schließlich werden sie vom Militär verfolgt, das
Abderrahmane festnimmt. Er soll Sarah entführt haben. Wird
Sarah es schaffen, ihren Freund zu befreien? Wird sie ihre Familie wiederfinden?

Traum-Pass
von Andreas Kirchgäßner
Klappenbroschur
ISBN: 978-3-89502-401-6
248 Seiten

Plötzlich ist er da, klopft Sprüche, zaubert mit dem Fußball
und stiehlt Ben, dem bislang unumstrittenen Superstürmer, und
dessen Freund und Passgeber Armin die Show. Akono heißt er,
kommt aus Nigeria, ist pechschwarz, total locker drauf und
besucht seit Neuestem die achte Klasse der Albert-Schweitzer-
Gesamtschule. Was Ben am übelsten aufstößt ist allerdings, dass
Alexa, sein heimlicher Schwarm, diesen Akono faszinierend
findet.

Alexa, die stets mit der Kamera unterwegs ist und für die
Medien-AG kleine Reportagen über ihre Mitschüler dreht, plant
nun ihren ersten langen Film über Akonos Weg vom nigerianischen Oshogbo zum lokalen Fußball-Club.

Doch schon bald gerät der junge Afrikaner in die Mühlen der
Behörden und wird nach Nigeria abgeschoben. Die Schulden
bei Eltern und Nachbarn, die seinen Transfer nach Europa
finanziert haben, machen jedoch eine Rückkehr in seine Heimat-
stadt unmöglich und so versucht er, zurück nach Deutschland
zu gelangen. Auf der nun folgenden Odyssee durchlebt er alle
Abgründe des Flüchtlingselends.

Erzählt wird Akonos Flucht – u. a. anhand von Videoaufzeich-
nungen, Interviews, persönlichen Begegnungen, Mails und Tele-
fonaten – aus der Perspektive von Ben, der mit Alexa und Armin
Akonos Weg verfolgt, wodurch nicht allein sein Leben aus den
Fugen gerät ...